I0377934

www.ingramcontent.com/pod-product-compliance
Lightning Source LLC
Chambersburg PA
CBHW071412070526
44578CB00003B/557
9781989880142

چهل گفتار پیرامون
ارتقای مهارتهای بازاریابی

مؤلف:

پرویز درگی

مدرس دانشگاه - مشاور و محقق بازاریابی

ویراستاران:

احمد آخوندی - محسن جاویدمؤید

به نام عشق

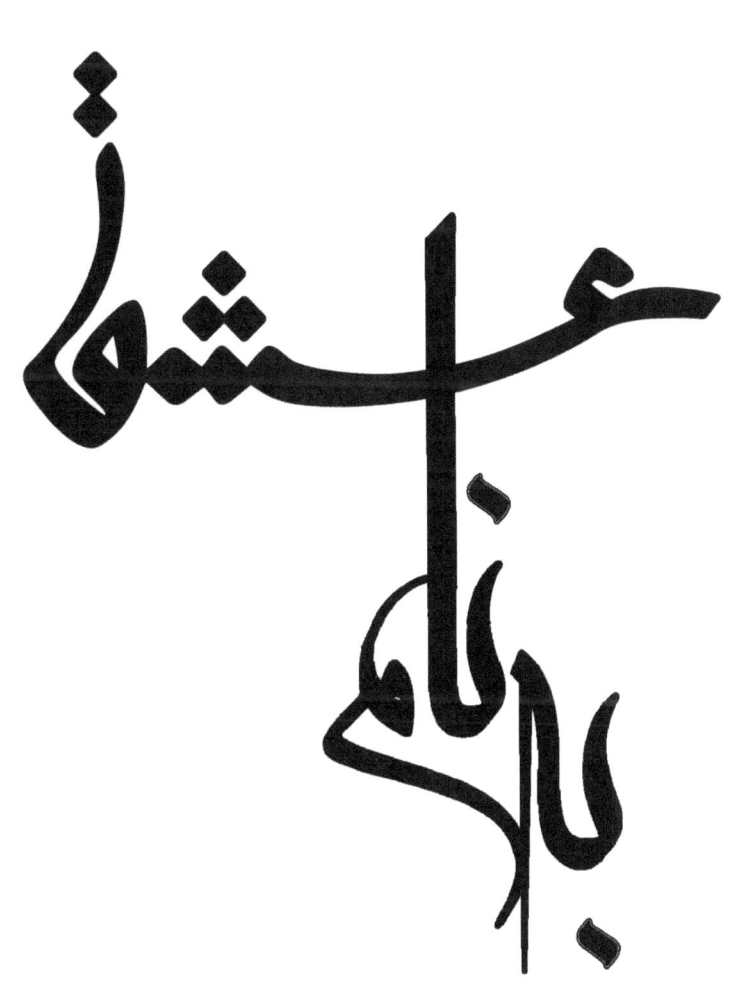

سریال کتاب:P2145120014

سرشناسه: PRV 2021

عنوان: چهل گفتار پیرامون ارتقای مهارت های بازاریابی

زیر شاخه عنوان: به قلم مدرس دانشگاه و مشاور و محقق بازاریابی

پدید آورنده: پرویز درگی

شابک کانادا: ISBN: 978-1-989880-14-2

موضوع: موفقیت، بازاریابی ،مدیریت رهبری ،کسب و کار

متا دیتا:Marketing ،Leadership , Business

مشخصات کتاب:جلد صحافی مقوایی، رقعی

تعداد صفحات:266

تاریخ نشر در کانادا:March ۲۰۲۱

تاریخ نشر اولیه: ۱۹۹۲

Kidsocado Publishing House

خانه انتشارات کیدزوکادو

ونکوور، کانادا

تلفن : +1 (833) 633 8654

واتس آپ: +1 (236) 333 7248

ایمیل : info@kidsocado.com

وبسایت انتشارات: https://kidsocadopublishinghouse.com

وبسایت فروشگاه: https://kphclub.com

سلام هم زبان

دستیابی ایرانیان مقیم خارج از کشور به کتاب های بسیار متنوع و جدیدی که به تازگی در ایران نگاشته و چاپ می شود، محدود است. ما قصد داریم این خدمت را به فارسی زبانان دنیا هدیه دهیم تا آنها بتوانند مانند شما با یک کلیک در آمازون یا دیگر انتشارات آنلاین کتاب‌هایی در زمینه های مختلف را خریداری کنند و درب منزل تحویل بگیرند.

خانه انتشارات کیدزوکادو تحت حمایت مجموعه آموزشی کیدزوکادو این افتخار را دارد تا برای اولین بار کتاب‌های با ارزش فارسی را که با زبان فارسی نگارش شده است از شرکت های انتشاراتی بزرگ آن لاین مانند آمازون و ایی بی بارنز اند نابل و هم چنین وبسایت خود انتشارات در اختیار ایرانیان مقیم خارج از ایران قرار دهد.

از اینکه توانستیم کتابهای جدید و با ارزشی که به قلم عالی نویسنده گان و نخبگان خوب ایرانی نگاشته شده است را در اختیار شما قرار دهیم بسیار احساس رضایتمندی داریم

این کتاب ها تحت اجازه مستقیم نویسنده و یا انتشارات کتاب صورت گرفته و درآمد حاصله بعد از کسر هزینه‌ها، به نویسنده پرداخته می شود

خانه انتشارات کیدزوکادو در قبال مطالب داخل کتاب هیچگونه مسئولیتی ندارد و صرفاً به عنوان یک پخش کننده است. و شما خواننده عزیز ما را با گذاشتن نظرات در وب سایتی که کتاب را تهیه کرده‌اید به این کار فرهنگی دلگرمتر کنید. از کامنتی که در برگیرنده نظرتان نسبت به کتاب است عکس بگیرید و برای ما به این ایمیل بفرستید از هر ۴ نفری که برایمان کامنت می فرستند، یک نفر یک کتاب رایگان دریافت می‌کند.

ایمیل : info@kidsocado.com

تقدیم به:
اساتید بزرگ بازاریابی ایران
دکتر منصور صمدی
دکتر بهرام رنجبریان
دکتر عبدالرضا رضائی‌نژاد

فهرست مطالب

پیشگفتار ۱۱

فصل اول: نگرشها و دانشهای بازاریابی

گفتار اول:

آموزه‌های یک ریاضیدان برای بازاریابی ۲۱

گفتار دوم:

آینده‌ی بازاریابی در سال ۲۰۲۰ .... ۲۷

گفتار سوم:

سه رکن سازمانهای بازاریابی در سال ۲۰۲۰ .... ۳۱

گفتار چهارم:

روشی جدید برای افزایش کارآیی بازاریابی؛ فورد، تویوتا و وال‌مارت آینده باشید ۳۷

گفتار پنجم:

بازاریابی با طعم احساس و پست مدرنیسم ۴۱

گفتار ششم:

دیجیتالیسم و نقش آن در بازاریابی حسی- تجربی ۴۷

گفتار هفتم:

ایده‌های بازاریابی برای استارتاپ‌ها ۵۳

گفتار هشتم:
درس‌های بازاریابی از ارتش 61

گفتار نهم:
آموزه‌های "هنر جنگ": هنر بازاریابی حسی- تجربی 69

گفتار دهم:
بازاریابی و اقتصاد اقناع 75

گفتار یازدهم:
نسل هزاره و بازاریابی برای نسل‌ها 79

گفتار دوازدهم:
چگونه محصول جدید خود را وارد بازار کنیم؟ 85

گفتار سیزدهم:
همیشه اولین‌ها به یاد می‌مانند 85

گفتار چهاردهم:
بازاریابی رو به درون 93

گفتار پانزدهم:
عصر بازاریابی چابک 99

گفتار شانزدهم:
عادات نامناسب در بازاریابی و فروش 103

گفتار هفدهم:
اهمیت سه اصل در کسب‌وکار بازاریابی و فروش 111

گفتار هجدهم:
هفت مهارت پایه برای آنها که می‌خواهند بازاریاب خوبی باشند 113

فصل دوم: انواع بازاریابی

گفتار نوزدهم:
نانومارکتینگ 119

گفتار بیستم:
بازاریابی کاغذی در برابر دیجیتالیسم ۱۲۳

گفتار بیست‌ویکم:
بازاریابی اجازه‌ای نقطه‌ی مقابل بازاریابی وقفه‌انداز ۱۲۷

گفتار بیست‌ودوم:
بازاریابی تجربه‌آفرین ۱۳۳

گفتار بیست‌وسوم:
بازاریابی قبیله‌ای: قبیله‌های مدرن ۱۳۷

گفتار بیست‌وچهارم:
بازاریابی ویروسی ۱۴۵

گفتار بیست‌وپنجم:
بازاریابی ورزشی ۱۴۹

گفتار بیست‌وششم:
بازاریابی با طعم فیلم ۱۵۳

گفتار بیست‌وهفتم:
بازاریابی سیاسی ۱۵۹

گفتار بیست‌وهشتم:
مروری بر قدرت بازاریابی سیاسی در فیلم "نه"؛ (رویدادهای شیلی: پینوشه و آلنده) ۱۶۷

گفتار بیست‌ونهم:
بازاریابی گردشگری ۱۷۱

گفتار سی‌ام:
۱۰ فرمان بازاریابی گردشگری ۱۷۷

فصل سوم: تبلیغات

گفتار سی‌ویکم:
مروری بر انواع روشهای تبلیغات ۱۸۵

گفتار سی‌ودوم:
اُگیلوی؛ تبلیغات به سبک مدرن ۱۹۱

گفتار سی‌وسوم:
۱۰ فرمان تبلیغات و فروش از اسطوره تبلیغات؛ ویلیام برنباخ ۱۹۷

گفتار سی‌وچهارم:
چگونه از آب کره بگیریم؟ آشنایی با تکنیکهای تبلیغات غیرمتعارف ۲۰۱

گفتار سی‌وپنجم:
تبلیغات غافلگیرانه (Ambush Advertising) ۲۰۷

گفتار سی‌وششم:
شش اصل پایه در تبلیغات بیلبوردی ۲۱۳

گفتار سی‌وهفتم:
تبلیغات محیطی و نورومارکتینگ ۲۱۹

گفتار سی‌وهشتم:
تبلیغات عصب‌پایه؛ نوروادورتایزینگ ۲۲۵

گفتار سی‌ونهم:
چگونه در سه گام ساده یک کمپین تبلیغاتی موفق راه بیندازیم؟ ۲۳۱

گفتار چهلم:
چگونه اثرگذاری تبلیغات خود را بسنجیم: آشنایی با مدل داگمار ۲۳۷

آشنایی با فعالیتهای شرکت توسعه مهندسی بازارگستران آتی (TMBA) .. ۲۴۳

پیشگفتار

"چهل گفتار پیرامون ارتقای مهارتهای بازاریابی" - کتابی که پیش رو دارید - سومین کتاب از مجموعه کتابهای چهل گفتار است که تاکنون چاپ و منتشر شده است.

دو عنوان پیشین چهل گفتار بشرح زیرند:
۱) چهل گفتار پیرامون مدیریت و رهبری در کسب‌وکارها
۲) چهل گفتار پیرامون ارتقای مهارتهای فروش

دست‌کم دو عنوان دیگر نیز با همین عنوان اصلی "چهل گفتار" در دست تدوین و چاپ است که تقدیم اهالی بازاریابی خواهند شد؛ این دو عنوان عبارتند از:
۱) چهل گفتار پیرامون ارتقای مهارتهای شخصی در کسب‌وکار
۲) چهل گفتار پیرامون مشتری‌نوازی در کسب‌وکار

مخاطب اصلی کتابهای چهل گفتار

"مدیران" اصلی‌ترین مخاطب کتابهای "چهل گفتار" هستند. در کتابهای پیشین نیز توضیح دادم که مدیران علاقه‌مندند بدانند تا بسرعت کسب‌وکارشان را رونق بخشند. از این رو، تمایل دارند موضوعات با زبانی ساده، به دور

از حاشیه‌پردازی و واژه‌های فنی و پیچیده، به گونه‌ای مطرح شود که بتوانند اقدامات عملیاتی را با هدف جلوگیری از هزینه، افزایش درآمد و سودزایی، و پایداری کسب‌وکارها به راه اندازند.

برای دستیابی به این هدف، دو مانع عمده بر سر راه مدیران وجود دارد:

الف) دانش بازاریابی روزبه‌روز گسترده‌تر می‌شود. دلیل آن نیز ظرفیت بالای جذب و پذیرش رشته‌ی بازاریابی از سایر علوم و مطالعات جدید است.

ب) اشتغالات اجرایی فراوان مدیران عملاً مجال مطالعه‌ی عمیق را از آنان گرفته است.

"چهل گفتار" قرار است بر پایه‌ی دانشهای تازه، موضوعات را بسرعت عرضه کند؛ با زبانی ساده، روان، به دور از حاشیه‌پردازی، و واژه‌های پیچیده و فنی از مسائل و موضوعاتی بگوید که توان مدیران را افزایش دهد؛ هم در قدرت پردازش در حل مسائل کسب‌وکارها، و هم در به راه‌اندازی فعالیتهای اجرایی. پیش از این، مجموعه کتابهایم را با عنوان "دل‌گفته‌ها و دل‌نوشته‌های معلم بازاریابی" با همین هدف منتشر کردم که در ۳ جلد چاپ و منتشر شد.

خشنودم از آنکه این فرصت مغتنم برایم حاصل شد تا به سهم خویش آغازگر موضوعات تازه‌ای در بازاریابی ایران باشم که دانستن آن برای مدیران یک ضرورت است، بویژه مدیرانی که در فضای رقابتی می‌کوشند کسب‌وکارهای خود را هدایت و رهبری کنند.

آنچه می‌خوانید، پیش از این در سایت شخصی‌ام قرار داشت که با نظمی تازه، تقدیم تمامی علاقه‌مندان بویژه مدیران و دانشجویان بازاریابی می‌شود.

محتوای کتاب "چهل گفتار پیرامون ارتقای مهارتهای بازاریابی"

تصور کنید می‌خواهید بازاریابی را بدون داشتن دانش و اطلاعات تازه،

هدایت و رهبری کنید! گو آنکه هنوز هم کسب‌وکارها را می‌توان بر پایه‌ی دانش بازاریابی سنتی پیش راند، اما هزینه‌های آن در قیاس با دستاوردهایی که نصیب بنگاههای اقتصادی می‌کند، سنگین است.

خوشبختانه بازاریابی در سالهای اخیر ظرفیت بالایی برای جذب و پذیرش علوم و مطالعات تازه در خود ایجاد کرده و عملاً به رشته‌ای تناور تبدیل شده است. بدون اطلاع از این دانشهای تازه، کسب‌وکارها در مسیر سنتی طی طریق خواهند کرد.

"چهل گفتار پیرامون ارتقای مهارتهای بازاریابی" گاه از دانشهای تازه می‌گوید، گاه با معرفی دانشهای پیشین اما در قالبی جدید با رویکردی تازه از موضوعاتی می‌گوید که مدیران برای پردازش مسأله نیاز دارند. این مطالب قرار است نگرشی تازه پیش روی مدیر بگشاید تا در پرتو آن تصمیمی تازه بگیرد.

"چهل گفتار پیرامون ارتقای مهارتهای بازاریابی" حاوی سه فصل است:

۱) نگرشها و دانشهای بازاریابی

۲) انواع بازاریابی

۳) تبلیغات.

و این سه فصل، افزون بر دانشهای تازه، همواره نگاه اجرایی، عملیاتی، و مهارتی را مد نظر قرار داده است.

۱) نگرشها و دانشهای بازاریابی

۱۸ متن در این فصل می‌خوانید. قرار است در این فصل نگرشها و دانشهای تازه‌ای بیاموزیم. این نگرشها و دانشها به گونه‌ای است که به مدیر هم قدرت پردازش می‌دهد، و هم راهکارهای عملی پیش پای او می‌نهد تا سریعاً دست به عمل بزنند.

برای مثال، نخستین مطلب "آموزه‌های یک ریاضیدان برای بازاریابی"

است. جورج پولیا، یک ریاضیدان برجسته‌ی جهانی است. او روش "حل مسأله" را می‌آموزد. می‌توانیم بر پایه‌ی دانش ریاضی او، مسأله‌های کسب‌وکاری را نیز حل کنیم؛ و این یعنی کاربرد ریاضیات در کسب‌وکارها و بازاریابی.

مدیران ناگزیرند مسائل روزمره را حل و فصل کنند. اما بدون نگاه به آینده، روزمرّگیها آنان و کسب‌وکارشان را می‌بلعد. برای گریز از روزمرّگیها، داشتن چشم‌انداز به آینده‌ی بازاریابی یک ضرورت است. این ضرورت با دو متن پیش روی شما قرار دارد:

الف) آینده‌ی بازاریابی در سال ۲۰۲۰

ب) سه رکن سازمانهای بازاریابی در سال ۲۰۲۰

آیا دوست دارید به‌عنوان مدیر در آینده‌ی کسب‌وکارها بدرخشید؟ کافی است بدانید در سال ۲۰۲۰ چه تغییراتی پدید می‌آید تا خود را امروز برای آن تغییرات چالش‌برانگیز و بنیان‌برانداز آماده سازید.

سایر موضوعاتی که در این فصل آمده، قرار است نگرش شما را به‌عنوان یک مدیر تغییر دهد. برای مثال، نسل وای (Y) مشخصاتی منحصربه‌فرد دارد. اگر شما بدانید، می‌توانید کالاها و محصولات خود را برای این نسل بازاریابی کنید. در غیر این صورت، بهترین کالاها و محصولات‌تان را در انبارها قرار دهید تا خاک بخورد. به گفته‌ی کنث بلانچارد، آنچه تولید کرده‌اید؛ یا محصولی که عرضه کرده‌اید، "آشغال" و "زباله" است؛ حتی اگر عالیترین کیفیت را داشته باشد آن هم با قیمتی مطلوب!

دو سه متن نهایی این فصل، فراتر از نگرشها و دانشهای تازه است، با این توجه که همچنان "بازاریاب" در کنار یادگیریها باید مهارتهای تازه‌ای به دست آورد؛ نظیر هفت مهارت پایه که عبارتند از هوش نوشتاری، هوش کسب‌وکار، هوش تحلیل و توانایی تغییر داده‌ها و... برای اطلاعات بیشتر

به آخرین مطالب این فصل مراجعه کنید.

۲) انواع بازاریابی

آیا می‌دانید "نانومارکتینگ" چیست؟ اگر فکر می‌کنید فروش کالاها و محصولاتی که با استفاده از تکنولوژی نانو تولید شده، کاملاً در اشتباهید. بهتر است به صفحه‌ی ۱۱۹ کتاب مراجعه کنید تا دانش خود را در این باره تصحیح کنید.

درباره‌ی بازاریابی اجازه چه می‌دانید؟ در این فصل راجع به موضوعاتی نظیر بازاریابی اجازه در مقابل بازاریابی وقفه‌انداز، بازاریابی ورزشی، بازاریابی ویروسی، بازاریابی سیاسی، و بازاریابی گردشگری می‌خوانید. گفتنی آنکه افزون بر دانش در این باره، راهکارهای پیشنهادی به تفکیک آمده است. گو آنکه در مواقعی می‌توان از راهکاری که برای بازاریابی ورزشی سودمند است، در بازاریابی گردشگری نیز سود برد. مهم درک جوهره‌ی راهکارها است که مدیران بر پایه‌ی قدرت پردازش، می‌توانند انعطافهای لازم را خودشان اجرا کنند.

۳) تبلیغات

تبلیغات شکلی از ارتباط است. در این فصل، نخست انواع تبلیغات معرفی شده است تا مدیران در صورت لزوم، تصمیم بگیرند که کدام تبلیغ برای کالاها و محصولاتشان مناسبتر است. در بخش نهایی همین فصل، با روشی آشنا می‌شویم که "سنجش اثرگذاری تبلیغات" را بر عهده دارد، یعنی آشنایی با مدل داگمار.

سایر مطالب این فصل، آشنایی با روشها و تکنیکهای غیرمتعارف تبلیغات است. می‌آموزیم چگونه شرکتهای بزرگ خارجی با این روش از تبلیغات می‌کوشند از آب کره بگیرند.

دانش بازاریابی و تبلیغات اکنون تا بدانجا ظرفیت جذب و پذیرش خود را افزون کرده که می‌تواند از دانش پزشکی بویژه عصب‌شناسی (نوروساینس)، برای پیشبرد فعالیتهای خود استفاده کند. واژه‌هایی از این دست نظیر "نورومارکتینگ" و "نوروادورتایزینگ" و بهره‌برداری و کاربرد آن را در تبلیغات، در صفحات ۲۲۵ این فصل بخوانید.

شیوه‌ی مطالعه‌ی کتاب "چهل گفتار پیرامون ارتقای مهارتهای بازاریابی"
شما به‌عنوان "مدیر" یا "علاقه‌مند به موضوعات بازاریابی"، می‌توانید از هر کجای کتاب، مطالب را بخوانید. اما فصل‌بندیهایی که در این کتاب آمده، قرار است پیکره‌ای ساختارمند در اختیارتان قرار دهد تا به واسطه‌ی آن قدرت تصمیم‌گیریهای خود را افزایش دهید.

امید آنکه در آینده‌ای نزدیک، با اهتمام استادان و صاحب‌نظران بازاریابی در ایران، شاهد کتابهای مستقلی (اعم از تألیف یا ترجمه) درباره‌ی هر یک از این موضوعات نظیر "نورومارکتینگ"، "نوروادورتایزینگ"، "بازاریابی اجازه‌ای" و... باشیم تا مدیران با دانش ژرف به سراغ مسائل بازاریابی کسب‌وکارهایشان بروند. این کتاب آغازی است تا سرنخهای اصلی را تقدیم مدیران کند.

شایسته است از پشتیبانی همکارانم در خانواده‌ی TMBA، صمیمانه تشکر کنم؛ مرتضی امیرعباسی و محمدرضا حسن‌زاده جوانیان زحمات ارزشمندی را در گردآوری این کتاب متحمل شدند.
همچنین تلاشهای آقایان احمد آخوندی و محسن جاویدمؤید، در ویرایش این کتاب ستودنی است.
خواهشمندم از طرق زیر، خانواده‌ی ما را از نظرات خویش در اصلاحات چاپ بعدی یاری فرمایید:
■ سایت شخصی پرویز درگی: www.Dargi.ir

پیشگفتار ۱۷

- نشانی اینترنتی: Info@TMBA.ir
- سایت انتشارات بازاریابی: www.MarketingPublisher.ir
- نشانی اینترنتی: Info@MarketingPublisher.ir
- نشانی انتشارات بازاریابی: تهران، خیابان آزادی (شرق به غرب)، بعد از خوش شمالی، کوچه نمایندگی، پلاک ۱، واحد ۱۰
- با شماره‌ی تلفکس: ۶۶۴۳۱۴۶۱ (۰۲۱)
- با شماره‌ی تلفنهای: ۶۶۴۲۳۶۶۷(۰۲۱) و ۶۶۴۳۴۰۵۵(۰۲۱)
- با شماره‌ی تلفن همراه شخصی‌ام: ۰۹۱۲-۱۹۹۴۲۸۱

گر بخواهید در این یکدم عمر
نیک جویای حقایق باشید
و به چشم همه نیکان جهان
بس برازنده و لایق باشید
هدفی ناب بیابید و در راه وصال
عالم عامل عاشق باشید

سبز باشید
پرویز درگی

فصل اول

نگرشها و دانشهای بازاریابی

گفتار اول
آموزه‌های یک ریاضیدان برای بازاریابی

جورج پولیا (George Polya)، ریاضیدان برجسته‌ی جهانی و از اساتید مطرح دانشگاه استنفورد، نظرات بسیاری در حوزه‌ی ریاضیات، هندسه، و آمار از خود به یادگار گذاشته است. شاید مهمترین نظریات پولیا در خصوص تکنیکهای حل مسأله باشد.

دنیای ریاضی مدیون دنیای فوتبال است! چرا که پولیا پس از آنکه در حین بازی فوتبال دچار مصدومیت شد، از خدمت سربازی به ارتش مجارستان در خلال جنگ جهانی اول معاف شد و به این ترتیب از مهلکه جان سالم به در برد.

پولیا، مؤلف کتاب چگونه مسائل را حل کنیم

پولیا مؤلف کتابی با عنوان چگونه مسائل را حل کنیم (How to solve it) است. همان‌گونه که از نام این کتاب برمی‌آید، این کتاب در خصوص نحوه‌ی حل مسائل گوناگون به رشته‌ی تحریر درآمده است. تا به حال میلیونها نسخه از این کتاب به فروش رسیده است و همچنان نیز از طرفداران

خاص خود برخوردار است.

پولیا مدلی ۴ مرحله‌ای برای حل مسائل دارد که علاوه بر مسائل ریاضیاتی می‌توان از آن در حل هرگونه مسأله‌ای بویژه مسائل مرتبط با کسب‌وکار و بازاریابی بهره برد.

در گفتار حاضر این مراحل با نیم‌نگاهی به بازاریابی مورد بررسی قرار می‌گیرد:

معرفی مراحل چهارگانه‌ی پولیا به زبان ساده

• گام اول: درک مسأله

فرایندهای موفق به‌وسیله‌ی افرادی طراحی و پیاده‌سازی می‌شود که درکی آشکار و شفاف نسبت به مسأله داشته باشند. بنابراین نخستین گام در فرایند حل مسأله این است که بفهمیم مسأله از چه قرار است. به این معنا که اصولاً مفروضات و داده‌های مسأله از چه قرار هستند و چه ارتباطی میان آنها برقرار است.

بویژه در مقوله‌های مرتبط با کسب‌وکار عادت بر این است که بی‌درنگ به اصل مسأله بپردازیم و به ارائه‌ی فوری راهکار و تاکتیک اقدام کنیم، آن هم پیش از آنکه درکی کامل نسبت به مسأله داشته باشیم.

کدام جنبه‌ها و وجوه مسأله را به طور حتم می‌دانیم، و کدامیک از وجوه آن برای ما به طور کل ناشناخته است؟ آیا می‌توان وجوه ناشناخته را شناسایی کرد؟ آیا اطلاعات و داده‌هایی در این خصوص موجود است؟

برای مثال، چنانچه قصد راه‌اندازی یک کمپین تبلیغاتی را داریم، با چه مسائلی روبه‌رو خواهیم شد و جنبه‌های مختلف این مسأله چگونه است. اینها سؤالات و اقداماتی است که می‌بایست در مرحله‌ی نخست پاسخ داده شوند.

● گام دوم: طرح‌ریزی و یا برنامه‌ریزی (و یا ایده و راهکار)
اگر بواقع با مشکلی در فرایند بازاریابی خود مواجهیم - مسأله‌ای که نیاز به بررسی و رفع داشته باشد - آیا این مسأله منحصربه‌فرد است، یا پیشتر مشابه آن را داشته و یا دیده‌ایم؟ حال اگر با این مسأله پیشتر نیز مواجه شده باشیم، و قبلاً راه‌حلی برای آن پیدا شده باشد، آیا این راهکار در شرایط جدید هم کارساز خواهد بود؟

پیشنهاد پولیا این است که ما صورت مسأله را به گونه‌ای دیگر بازگویی کنیم. گاه بیان متفاوت مسأله، خود مسیری برای دست یافتن به راه‌حل آن است.

او توصیه می‌کند که اگر چنانچه نتوانستید مشکل را حل کنید، ابتدا سعی کنید تا مسأله‌ای مرتبط و ساده‌تر را حل و فصل کنید. و یا برای مثال شاید بتوانید دست‌کم بخشی از مشکل مورد نظر را رفع کنید. به این مسأله بیندیشید که آیا می‌توانید به...

- یک مسأله مرتبط با مشکل اصلی اما سهل‌الوصول‌تر بپردازید؟
- یا مسأله‌ای کلی‌تر را بررسی کنید؟
- یا مسأله‌ای ویژه و خاص را مورد موشکافی قرار دهید؟
- و یا به مسأله‌ای مشابه و قابل قیاس بپردازید؟

با مطرح ساختن این قبیل سؤالات و پاسخگویی به آنها می‌توانید در نهایت به یک برنامه و یا راهکار برای حل مسائل خود دست یابید. در واقع در این مرحله برای حل مسأله قصد می‌کنید و با بررسی تمامی وجوه به انتخاب راهبرد مناسب می‌پردازید.

● گام سوم: پیاده‌سازی برنامه و حل مسأله
اگر مراحل ۴ گانه، مدل حل مساله ی پولیا را بخواهیم با مدل مشهور و یا چرخه‌ی PDCA (برنامه‌ریزی، اجرا، بررسی، اقدام) ادوارد دمینگ مقایسه

کنیم، در واقع گام سوم از فرایند ۴ مرحله‌ای حل مساله‌ی پولیا با مرحله‌ی انجام (Do) چرخه‌ی دمینگ قابل قیاس است.

در این مرحله، بررسی موضوعات زیر دارای اهمیت است:

- بررسی هر مرحله
- بررسی اینکه آیا بوضوح مشخص است که این مرحله درست و بی‌نقص پیش می‌رود یا خیر؟
- بررسی اینکه آیا می‌توانید بی‌نقصی آن را اثبات کنید یا خیر؟

در این مرحله، چنانچه از روش پولیا برای حل مسائل بازاریابی بهره ببریم، می‌بایست فرایند انجام کار را ترسیم کنیم. برای نمونه:

- **مسأله**: افزایش ۲۰٪ فروش به منظور رقابت پذیر ماندن.
- **راهکار اولیه**: شاید راهکار این باشد که به برند خود کمک کنیم تا به میزان ۵۰٪ بیشتر در مجامع، گردهمایی‌ها، رویدادهای ویژه، و... حوزه‌ی رقابتی خود حضور یابد.

- **گام چهارم: برگشت به عقب (یا مرحله مرور و مباحثه)**

در اغلب روشهای بهینه‌سازی فرایند، مرحله‌ای برای سنجش و یا بررسی و مرور نتایج، و اصلاح و تجدید نظر وجود دارد. پیشنهاد پولیا در این مرحله چنین است:

- بررسی مجدد نتایج
- بررسی مجدد استدلال‌ها برای حل مسائل
- بررسی آنکه آیا می‌توان نتایج را به گونه‌ای دیگر استنتاج کرد؟
- بررسی آنکه آیا می‌توان به طور اجمالی نتایج را مورد بررسی قرار داد؟
- و دست آخر بررسی آنکه آیا می‌توان از نتیجه و یا روش مورد استفاده برای حل مسائل دیگر نیز بهره برد یا خیر؟

در این مرحله راه‌حل و روشهایی که در حل مسأله مورد استفاده قرار گرفته است مورد بررسی مجدد قرار می‌گیرد تا آنکه اطمینان شود که پاسخ به دست آمده همان مطلوب مسأله باشد.

نقش هیجانات در حل مسأله

گفتنی آنکه پولیا در بخشی از کتاب چگونه مسائل را حل کنیم می‌نویسد، "این اندیشه که حل مسأله تماماً امری وابسته به تفکر و عقلانی است درست نیست بلکه، قوه‌ی تشخیص و هیجانات آدمی نقشی مهم در آن ایفا می‌کند، و این قدرت اراده است که می‌تواند در مقابل رنج و محنت و تلخیها و شکستها قد خم نکند و در اندیشه‌ی حل مسائل باشد."

گفتار دوم

آینده‌ی بازاریابی در سال ۲۰۲۰

مروری بر اندیشه‌های یک آینده‌پژوه

گرد لئون هارد (Gerd Leonhard) از جمله‌ی برجسته‌ترین اندیشه‌ورزان و رهبران تفکر دنیا در بخش رسانه، محتوا، فناوری، ارتباطات و فرهنگ است که در بسیاری از شرکتهای پیشروی جهانی در کسوت مشاور ایفای نقش کرده است. اما شاید عمده شهرت لئون‌هارد مرهون تخصص وی در آینده‌پژوهی باشد.

آینده‌پژوهی هنر صید آینده است، اشتیاق بشر برای دانستن درباره‌ی آینده همراه همیشگی او بوده است. پیشگویان نیز با علم به این موضوع سعی داشتند تا اندکی از عطش سیری‌ناپذیر بشر به دانستن آینده را پاسخ دهند.

به هر ترتیب لئون‌هارد در حال حاضر مدیرعامل موسسه‌ی آینده‌پژوهی فیوچرز ایجنسی (Futures Agency) است. از دیدگاه وی، صحنه‌ی نمایش در بازاریابی در آینده‌ای نه چندان دور دستخوش تحولاتی خواهد شد و موضوع آینده‌گرای بازاریابی تفاوتهایی با آنچه امروز در جریان است خواهد

داشت. لئون هارد به انتخاب نشریه‌ی معتبر وال استریت ژورنال به عنوان یکی از آینده‌پژوهان پیشرو بویژه در زمینه‌ی رسانه شناخته می‌شود. که در زیر به برخی از پیش‌بینی‌های او از آینده‌ی بازاریابی می‌پردازیم.

پیش‌بینی‌های لئون هارد برای آینده‌ی بازاریابی (سال ۲۰۲۰)

۱ـ تا سال ۲۰۲۰، بازاریابی موسوم به بازدارنده (interruptive marketing) جای خود را به بازاریابی سفارشی، شخصی‌سازی شده و سازگاریافته خواهد داد.

بازاریابی یا تبلیغات بازدارنده، اصطلاحی است که مبدع آن ست گودین است و آن را برای نخستین بار در کتاب خود با عنوان بازاریابی اجازه‌ای (permission marketing) مطرح کرد. بازاریابی بازدارنده نقطه‌ی مقابل بازاریابی اجازه‌ای است و مقصود از آن شیوه‌های تبلیغاتی و بازاریابی است که از طرف مخاطب پس زده می‌شوند و از فیلترهای ذهنی مصرف‌کنندگان عبور نمی‌کنند، اما در مقابل، بازاریابی اجازه‌ای با گفتمانی متفاوت مخاطب را ترغیب به پذیرش می‌کند.

از این رو بازاریابی سفارشی درست در حد و قامت مشتری عمل می‌کند و بسته به گزینه‌ها و ترجیحات او اقدام می‌کند، بدین‌رو در این نوع بازاریابی تبلیغات مظروف بوده و بسته به ظرف (مشتری یا مخاطب) ارائه می‌شود. این نوع بازاریابی از نظر انعطاف‌پذیری و اثرگذاری و نفوذ تنها قابل مقایسه با آب است؛ چرا که در عین نرمی نفوذ بسیار بالایی دارد. بنابراین اطلاعات مشتری از ارزش فراوانی برخوردار خواهد شد و روابط و مناسبات مشتری با برند برپایه‌ی میزان اعتماد او به برند مربوطه شکل خواهد گرفت. بنابراین از میان رفتن اعتماد میان مشتری و وجود سطحی پایینی از اصطلاحاً برند- اعتمادی، عاملی مهلک در آینده‌ی بازاریابی خواهد بود

چرا که تبلیغات دهان به دهان و ویروسی در آینده با سرعتی سرسام آورتر منتشر خواهد شد.

مصرف‌کنندگان در سال ۲۰۲۰، گزینشی‌تر خواهند بود. از این رو، این مصرف‌کنندگان هستند که انتخاب می‌کنند چه چیزی را بشنوند، چه چیزی را دوست داشته باشند، و به چه برندی اعتماد کنند. با این حساب بخش‌بندی و هدف‌گیری نامناسب مشتریان آن هم بدون کسب اجازه از آنها منسوخ خواهد شد و برندی موفق خواهد شد که حرفی متفاوت برای گفتن داشته باشد و در خلاف جهت آب شنا کند.

۲- ایده‌ی داشتن یک دپارتمان مجزا برای بازاریابی رفته‌رفته رنگ می‌بازد.
چرایی خرید و رفتار خریداران آتی مبتنی بر انگیزش‌های اجتماعی خواهد بود و مصرف‌کنندگان بیش از پیش تحت تأثیر نیروهای اجتماعی و شبکه‌ی اجتماعی روابط خود خواهند بود. بنابراین یک واحد بازاریابی در سازمان قادر نخواهد بود که کاری از پیش ببرد بلکه، بازاریابی باید به شکل اجتماعی آن دنبال شود.

چنانچه محصول شما عالی باشد و همگان آن را دوست بدارند، آنگاه محصول‌تان به فروش خواهد رفت، ضمن آنکه مصرف‌کنندگان ۲۰۲۰ دیگر تمایلی به خرید از برندها و سازمان‌هایی که با ارزش‌هایشان همنوا نباشد را نخواهند داشت.

۳- خدمات مکان‌محور (Location-based Services یا به اختصار LBS) به‌طور فراگیری گسترش خواهد یافت، البته لازمه‌ی اجرایی شدن آن این است که اسرار مشتری حفظ شود و اعتماد او جلب شود.
چالش خدمات مکان‌محور این است که چگونه از مسائل و اطلاعات خصوصی و محرمانه‌ی افراد در حین استفاده از این قبیل خدمات حفاظت

شود. تبلیغات مکان‌محور با دانش موقعیت مکانی افراد به مدد سامانه‌هایی نظیر GPS، پیامهای تبلیغاتی ویژه و هدفمند را برای کاربران مدنظر ارسال می‌کند. برای مثال سرویسهای اطلاع‌رسانی مثل هشداردهنده‌های ترافیک در تقاطعها، از جمله خدمات مکان‌محور هستند؛ به طور کلی خدمات مکان‌محور، و خدمات اطلاع‌رسانی در دسترس هستند که با ابزارهای سیار و از طریق شبکه‌های تلفن همراه توانایی استفاده از این خدمات را به کاربر می‌دهند.

۴- تمام سازمانهای آینده، رسالتی مشترک خواهند داشت: پشتیبانی از مشتری و ایجاد تجربه‌ای متمایز و خوشایند در ذهن او.

دغدغه‌ی سازمانها شناخت دلایل و چرایی احساسات و هیجانات خاص مشتریان نسبت به برند خود و نیز چگونگی انجام تغییرات لازم در راهبردهای سازمان به تناسب احساس مخاطبان خواهد بود. این همان چیزی است که شرکت آمازون لقب "شادکام سازی مشتری" را به آن داده است. اگر نتوانید رفیق گرمابه و گلستان مشتری باشید و تجربه‌ای شیرین برای او بزنید، از گردونه‌ی رقابت خارج خواهید شد.

اما داده به تنهایی کفایت نمی‌کند و برای تحلیل آن نیاز به سیستمهای هوشمند و مبتنی بر هیجانات انسانی خواهد بود.

اطلاعات کافی نیست. سازمانهای آتی تلاش خواهند کرد تا در سطح عاطفی به مخاطبان و مصرف‌کنندگان دست یابند. از این رو فروش به فرایندی انسانی‌تر تبدیل خواهد شد و چنانچه محصول یا خدمت شما فاقد چاشنی احساسی و انسانی باشد، به فروش نخواهد رفت، به این دلیل که خرید رفتاری انسانی و مبتنی بر هیجانات است. سازمانهایی در آینده طعم موفقیت را خواهند چشید که با تمسک به ارزشهای انسانی، اعتماد و امید بفروشند نه کالا و خدمات.

گفتار سوم
سه رکن سازمانهای بازاریابی در سال ۲۰۲۰

سازوکارها و فرهنگ آینده‌ی بازاریابی با ساختار فعلی آن تفاوتهای بسیاری خواهد داشت:

● مصرف‌کنندگان آتی، تقاضاهای بیشتر و متنوع‌تری خواهند داشت و ارضای تقاضاهای پیدا و پنهان آنها کار دشواری است.

● ظرف چند سال آتی، تسهیلات مرتبط با فناوری و ابزارهای تکنولوژی در دسترس قریب به اتفاق مصرف‌کنندگان قرار خواهد گرفت. این مسأله موجب بالا رفتن سطح انتظارات مصرف‌کنندگان از شرکتها شده و موجب کاهش میزان بردباری آنها در قبال محصولات نامناسب خواهد شد. ضمن آنکه حق انتخاب آنها را گسترش می‌دهد.

● مصرف‌کنندگان آینده، استحکامات ذهنی و دیوارهای تدافعی بلندتری در مقابل پیامهای تبلیغاتی خواهند داشت و افرادی گزینش‌گر هستند. آنها ترجیح می‌دهند که با تعداد برندهای کمتری ارتباط بگیرند و در عوض بر عمق روابط خود بیفزایند.

● و ...

به نظر محققان فعال در حوزه‌ی آینده‌پژوهی در کسب‌وکار، نتیجه‌ی این رخدادها سازمانها را وادار می‌کند که روی سه مقوله‌ی اساسی سرمایه‌گذاری بیشتری داشته باشند:

● **مشتری‌نوازی و مشتری‌مداری به حد اعلای آن**: مصرف‌کنندگان آتی به هیچ وجه با خدمات معمولی و متوسط خشنود نخواهند شد. لذا بیشترین موفقیت از آن سازمانهایی خواهد بود که بتوانند بیشترین ارزش افزوده را برای مشتریان خود خلق کنند. این مهم از طریق طراحی و اجرای دقیق برنامه‌های مشتری نوازی و رفتار عالی با خریداران حاصل می‌شود.

● **فناوری**: بازاریابی و فناوری دو روی یک سکه خواهند بود. سرمایه‌گذاری در بخش فناوری اطلاعات و مدیریت دانایی سازمانی، از جمله پیش فرضهای موفقیت سازمانهای آینده خواهد بود. فناوریهای هوشمند تمامی معادلات در بازاریابی را دستخوش تغییر خواهند کرد.

● **فروش بدون فروش**: در آینده تنها می‌توان مصرف‌کنندگان را از طریق حرفه‌ای‌گری و تخصص مجاب کرد، نه پیامهای تبلیغاتی. سازمانهای آینده تنها فروشنده‌ی کالا و خدمات نیستند و به مشتری امید، اعتماد، حقیقت و ارزش می‌فروشند.

خود را برای سال ۲۰۲۰ آماده کنید

سازمانهای آینده‌گرای بازاریابی متشکل از سه مؤلفه‌ی سازنده هستند:

● **رهبری مبتنی بر تعامل، تدبیر و گفتمان**: این جنبه از سازمان، نیازمند رهبران سازمانی دارای درک بالا از شرایط جدید است. این رهبران در دنیایی مبتنی بر تعامل به سر می‌برند و همواره در حال یادگیری هستند.

● **چابکی**: انعطاف‌پذیری لازمه و چاشنی موفقیت سازمانهای آینده است. بازده سازمانهای مرتبط با بازاریابی را نمی‌توان مبتنی بر استعدادهای شخصی و محدودیتهای آن شناسایی کرد بلکه، سازمان باید با ایجاد شبکه‌ای

از روابط، به بسط و توسعه‌ی مناسبات فراسازمانی بپردازد و از منافع این ارتباطات بهره‌مند شود.

● **دیسیپلین و انضباط**: نظام‌مندی و انضباط انعطاف‌پذیر از ضروریات تحکیم چشم‌انداز بلندمدت سازمانها است. سازمانهایی که بتوانند از تلاطم و بی‌نظمی موجود فضای کسب‌وکار، یک الگوی منظم استخراج کنند با توفیق بیشتری مواجه خواهند شد.

وجود یک برند رهبری توانمند و گفتمان محور از نخستین ملزومات سازمانهای آتی است. رهبران سازمانی از دلیل وجودی سازمان و چشم‌انداز بلندمدت آن پاسداری می‌کنند.

رهبران آینده؛ سازمانهای آینده؛ مدیریت بر اساس تعامل

رهبران آتی سه خصلت عمده به قرار زیر دارند:

● **قدرت همدلی**: رهبران آینده‌گرای سازمانی شنوندگان خوبی هستند. وظیفه‌ی آنها پشتیبانی و مشورت در موارد لزوم است. کارکنان با جان و دل پذیرای فرامین این قبیل رهبران هستند. از رهبری سازمانی به عنوان قدرت و نفوذ در قلب زیردستان تعبیر می‌شود.

● **قدرت اتصال**: رهبران توانمند سازمانی، مهندسانی چیره‌دست در پل‌سازی میان افراد و نهادهای مختلف و ایجاد روابط هستند. آنها ارتباط میان افراد را برقرار می‌سازند و به قدرت شبکه‌سازی و کمک به سایرین واقف هستند. حتی اگر این قبیل اقدامات در کوتاه‌مدت هیچ سودی عاید سازمانشان نکند.

● **قاطعیت**: رهبران آتی قادر هستند تا با پایش سریع شرایط محیطی و بررسی مدبرانه‌ی تمامی جوانب، تصمیماتی قاطع بگیرند. تصمیم‌گیری و تصمیم‌سازی قاطعانه از جمله ویژگیهای رهبران آینده‌ی سازمانی است. آنها می‌توانند چشم‌انداز خود را اجرایی کنند. لذا رهبران توانمند تنها به

امور ذهنی محدود نمی‌شوند، آنها صرفاً شنونده نیستند بلکه، عامل تغییر نیز هستند و قادر هستند که اقدامات عملی صورت دهند.

چابکی
تعاریف بسیاری از چابکی ذهن و یا عمل وجود دارد. چابکی سازمانی به این مهم اشاره دارد که ساختار درونی سازمان می‌بایست از انعطاف‌پذیری و سازگارپذیری کافی برخوردار باشد تا بدین وسیله بتوان به اهداف بیرونی دست یافت. این مفهوم لزوم تجدید نظر در ساختارهای درون‌گرای فعلی در سازمانها را خاطر نشان می‌سازد. امروزه بسیاری از سازمانها رویکردی درونی دارند و از محیط بیرون غافل هستند، لذا راهبردهای مناسبی را در پیش نمی‌گیرند. حال آنکه سیستمهای هوشمندی رقابتی به مثابه رادارهای خارجی سازمان عمل کرده و با سرعت مناسبی اطلاعات بیرونی را دریافت و پردازش می‌کنند. شایستگیها محدود به منابع داخلی سازمانها نمی‌شود و سازمانهای آینده به ناچار باید از متخصصان زبده‌ی بیرونی بهره ببرند.

از طرفی برنامه‌ریزیها نیز فاقد انعطاف لازم هستند. برای مثال بودجه‌ریزی‌های سالانه رفته رفته رو به افول می‌گذارند و اختصاص بودجه بر مبنای سودآوری پروژه‌ها انجام خواهد گرفت. این موضوع سبب می‌شود که سازمان روزآمد شده به سودآوری دست یابد.

نکات پایانی:
• "قبل از آنکه توپ در کنید، گلوله‌های خود را شلیک کنید".
این فلسفه‌ای اساسی برای بقا و بالندگی است و مفهوم آن این است که ایده‌های تازه را ابتدا در مقیاسی کوچک امتحان کنید. لذا قبل از هر اقدامی به آزمون بازار دست بزنید و بعد به محض آنکه مشخص شد که تیرتان به هدف خورده، آنگاه توپ اصلی خود را آتش کنید.

● **تعهد به انجام کار**

سامورایی‌ها در میان خود اصلی دارند که با عنوان انضباط سامورایی شناخته می‌شود. زمانی که یک سامورایی به انجام یک کار یا پروژه متعهد می‌شود، انگشت کوچک خود را به نشانه‌ی تأیید آن تعهد گرو می‌گذارد و در صورتی که نتواند از عهده‌ی قول خود بر بیاید و به تعهدات خود جامه‌ی عمل بپوشاند، انگشت کوچکش قطع می‌شود. البته این ماجرا تنها نمادی از اهمیت والای تعهد به انجام کار است.

● **تمایز**

بقا در بازار آینده، نیازمند عزمی آهنین و سازوکاری بدیع و نوین است. تمایز همچنان دست برتر را در آینده‌ی بازاریابی خواهد داشت و سازمان‌هایی موفق می‌شوند که به اصل تمایز، تفاوت و سادگی پایبند باشند؛ چرا که مصرف‌کنندگان آتی افرادی بشدت گزینش‌گر خواهند بود.

گفتار چهارم
روشی جدید برای افزایش کارآیی بازاریابی؛
فورد، تویوتا و وال‌مارت آینده باشید

امروزه بازاریابی و فروش به فعالیتهای غیرقابل انکار سازمانها و شرکتهای مختلف در سرتاسر دنیا تبدیل شده‌اند. چندین سال پیش برای متقاعد کردن مدیران عالی‌رتبه‌ی شرکتها به انجام فعالیتهای بازاریابی لازم بود وقت زیادی صرف شود تا اهمیت بازاریابی در بالا بردن درآمد شرکتها برای آنها روشن شود. خوشبختانه امروزه همه به اهمیت بازاریابی پی برده‌اند و مدیری را نمی‌توان یافت که ادعا کند بازاریابی برای کسب‌وکار او مفید نیست. با وجود این، هنوز هم بسیاری از مدیران ارشد شرکتها و سرمایه‌گذاران نگران بازگشت سرمایه‌ی خود از فعالیتهای بازاریابی هستند.

به‌عبارتی این افراد به دنبال نوعی ضمانت هستند که آنها را مطمئن کند بازگشت سرمایه‌ی (ROI) بالایی از سرمایه‌گذاری خود در بازاریابی به دست خواهند آورد.

در گذشته، دادن این ضمانت به مدیران سخت و تقریباً غیرممکن بود اما پیدایش و رشد شاخه‌ای جدید و نوظهور به نام مدیریت عملکرد درآمد (Revenue Performance Management) یا آرپی‌ام (RPM) این دغدغه‌ی

بازاریابان و مدیران بازاریابی را کاملاً از بین برده است.

مدیریت عملکرد درآمد، روشی اصولی و سیستماتیک برای شناسایی محرکها و موانع رشد و سنجش دقیق آنهاست. مدیریت عملکرد درآمد، انقلابی در نگرش رهبران کسب‌و‌کار برای محاسبه و تحلیل نقاط قوت وضعف درآمد و هزینه‌هایشان ایجاد کرده است. مدیران بازاریابی و فروش با استفاده از نتایج تحلیلهای مدیریت عملکرد درآمد می‌توانند بیشترین بهره‌وری را از فعالیتهای خود به دست آورند و ضمانت لازم را برای بازگشت سرمایه در اختیار مدیران شرکتها قرار دهند. اما این شاخه‌ی جدید زاییده‌ی چه تفکری است و چه تاریخچه‌ای پشت آن وجود دارد؟

ایده‌ها همواره نیرویی خارق‌العاده برای ایجاد تغییر دارند. تنها کافی است نام افرادی مانند انیشتین، ماندلا، پیکاسو، ادیسون و آرمسترانگ را در ذهن خود مرور کنید تا متوجه شوید که ایده‌های آنها راه و روش زندگی ما، راه و روش فکر کردن ما، نحوه‌ی ارتباط برقرار کردن و حتی شیوه‌ی دوست داشتن ما را تحت تاثیر خود قرار داده‌اند. بدون شک ایده‌ها جایگاه ویژه‌ای دارند و شاید بدون آنها، اقتصاد هیچ‌گاه از اقتصاد کشاورزی به اقتصاد صنعتی تبدیل نمی‌شد و پس از آن راهی به عصر ارتباطات و اطلاعات پیدا نمی‌کرد. ایده‌ها نقش اصلی را در شکل دادن فضای کسب‌و‌کاری امروزی ما داشته‌اند.

اهمیت ایده‌ها در مدیریت کسب‌و‌کارها آنچنان بالا است که در هر دوره از تاریخ علم مدیریت توجه به شاخه‌ی خاصی از آن توانسته کسب‌و‌کاری را به موفقیتهای بزرگ جهانی برساند.

در اوایل قرن بیستم میلادی فردریک وینسلو تیلور برای اولین بار عبارت مدیریت علمی (Scientific Management) را به کار برد. تیلور پدر مدیریت علمی و یکی از اولین مشاوران مدیریتی است. تلاشهای تیلور منجر به کشف تکنیکهایی شد که ما در زندگی روزمره‌ی خود از آنها استفاده

می کنیم. شرکت فورد بیشترین سود را از مدیریت علمی به دست آورد و توانست با استفاده از آموزه‌های تیلور بهترین اتومبیلهای جهان را بسازد تا جایی که سالها حاکم بلامنازع اتومبیل سازی در جهان باشد.

پس از جنگ جهانی دوم اقتصاد ژاپن به معنای واقعی کلمه نابود شد اما ژاپنیها توانستند در عرض دو دهه، کشور خود را به رهبر صنعتی جهان تبدیل کنند. دلیل این پیشرفت غیرمنتظره چه بود؟

پاسخ متخصصان مدیریت به این سؤال "مدیریت کیفیت فراگیر" یا همان TQM است. این روش سیستماتیک، با حذف هدررفتها و اجرای دقیق روشهای آماری کیفیت را وارد بخشهای مختلف سازمان کرد. شرکتی که توجه ویژه‌ای به TQM کرد و نتیجه‌ی آن را هم بخوبی مشاهده کرد، تویوتا بود. تویوتا پس از جنگ جهانی دوم به عنوان اتومبیل سازی با کیفیت ظهور کرد. شرکت دیگری نیز که به مدیریت کیفیت فراگیر توجه ویژه‌ای مبذول داشت، وال مارت بود که با طراحی یکی از کارآمدترین سیستمهای توزیع جهان و ایجاد زنجیره‌ی تأمین بسیار نیرومند موفق شد از یک خرده‌فروش متوسط به غول خرده‌فروشی جهان تبدیل شود.

امروزه وال مارت تقریبا چهار برابر بزرگتر از نزدیکترین رقیبش است و با فروش سالانه‌ای معادل ۴۰۰ میلیارد دلار و استخدام بیش از یک ونیم میلیون کارمند، ثابت کرده است که TQM چقدر می تواند در ساختن برندی قوی موثر باشد.

همان طور که می بینید ایده‌ها قدرت تبدیل کردن یک شرکت کوچک و متوسط را به برندی شناخته شده در سطح جهانی دارند. اما ایده‌ی بعدی که کسب وکارها را دگرگون خواهد کرد چه خواهد بود؟

در چند سال گذشته موسسات بسیاری تحقیقات مختلفی در این زمینه انجام داده‌اند و شرکتهایی را که رشد سریع داشته‌اند مورد مطالعه قرار داده‌اند. نتایج این تحقیقات نشان می دهد که تقریباً هیچ چیز در رشد سریع این

شرکتها تصادفی و از روی بخت و اقبال نیست بلکه، پاسخ سؤال "مدیریت عملکرد درآمد" یا همان آرپی‌ام (RPM) است.

با استفاده از مدیریت عملکرد درآمد شرکتها می‌توانند بر اساس شواهد موجود تصمیماتی برای اختصاص بودجه‌ی آینده‌ی خود اتخاذ کنند تا رشدی پایدار و قابل اندازه‌گیری داشته باشند. همچنین این توانایی را به شرکتها می‌دهد که با صرف هزینه‌ی کمتر مشتریان بیشتری را جذب کنند، سریعتر قراردادهای خود را به نتیجه برسانند و میزان بازگشت سرمایه‌ی خود را از سرمایه‌گذاری در فروش و بازاریابی بالا ببرند. تمام این موارد یعنی اینکه مزیت رقابتی برای شرکتهای آینده در گرو مدیریت عملکرد درآمد است. پس اگر می‌خواهید فورد، تویوتا و وال‌مارت آینده باشید، مدیریت عملکرد درآمد را به خاطر بسپارید.

گفتار پنجم

بازاریابی با طعم احساس و پست مدرنیسم

انسان از ابتدای خلقت تا به امروز، همواره درگیر اسطوره‌سازی و اسطوره‌شناسی بوده است. اسطوره نماد زندگی دوران پیش از دانش و صفت و نشان مشخص روزگاران باستان است. اساطیر، روایاتی است که از طبیعت و ذهن انسان بدوی ریشه می‌گیرد، و برآمده از رابطه‌ی دوسویه و احساسی میان این دو است. نمادها و اسطوره‌هایی مانند پرومته، زئوس، و هرکول در مغرب زمین و آرش کمانگیر، سندباد سیاح، کیومرث، و رستم و سهراب در مشرق زمین نشانگر ذهن آدمی و تمایلش برای رمزنگاری مفاهیم و اسطوره‌ها است. با این رویکرد اساطیری می‌توان برندسازی را نیز نوعی رمزنگاری و نمادسازی ذهنی و احساسی نامید.

از اواخر دهه‌ی ۹۰ و اوایل هزاره‌ی سوم میلادی، برندسازی به‌عنوان مقوله‌ای بسیار مهم، نه تنها برای شرکتها، محصولات و خدماتشان بلکه، برای دانشگاهها، نهادهای شهری، سازمانهای غیرانتفاعی و حتی اشخاص، نمودی چشمگیر یافته است. معنی لغوی و ریشه‌ای برند هر چیز گرم و آتشین است و برای قرنها فرآیندی بوده که به دامداران و کشاورزان کمک

می‌کرده، با نشانه‌گذاری و ایجاد علامتی منحصر روی حیوانات، آنها را شناسایی کنند. در واقع پیشینیان، ابتدا با گرم کردن آهن داغ‌گذاری روی آتش، که منقش به نمادی، نوشته‌ای یا نامی بوده و سپس گذاردن آن روی پوست حیوانات و ایجاد جای زخمی دائمی، عمل برندینگ را انجام می‌داده‌اند و ریشه کلمه‌ی برند از همین داغ‌گذاری است.

مطرح شدن بحثهایی مانند هوش‌هیجانی، تبلیغات هیجانی و برندینگ عاطفی حاصل عصیان انسان در برابر مدرنیسم تحمیل شده از سوی خود وی می‌باشد. بعدها نتیجه گرفته شد که بایستی به عامل انسانی توجه بیشتری مبذول داشت. تحقیقات افرادی همچون التون مایر در کنار نظریه‌های مطرح شده به‌وسیله‌ی فروید و شاگردانش یونگ و فروم و دیگر نظریه‌پردازان، انسان را به تفکر پست مدرن رساند. پست مدرن که به زبان ساده به مفهوم بازگشت به خویشتن انسانی است، عبور از منطق و توجه کردن به عاطفه و احساسات را مدنظر قرار می‌دهد.

اگرچه در گذشته بیشتر محصولات تنها دو حس مصرف‌کننده یعنی بینایی و شنوایی را مورد آزمون قرار می‌دادند اما نوآوری در محصولات جدید تولیدکنندگان را به شتاب واداشت تا از دیگر ظرفیتهای مشتری به درستی استفاده کنند. با گذشت زمان مشخص شد انسان مدرن به دنبال بهره‌گیری از تمام حواس خود است و تلاش می‌کند شیوه‌ی ارزیابی‌اش را به کلی تغییر دهد و ارزش هر محصول را با تمام وجودش حس کند.

در این بازار فوق رقابتی، جایی که کالاهای فیزیکی و خدمات به تنهایی نمی‌توانند برای جذب یک بازار جدید یا حتی نگه‌داشتن مشتریان فعلی موثر باشند، بخش عاطفی کالاها و سیستم توزیع، تفاوت کلیدی برای مشتریان و پولی که خواهند پرداخت را تعیین می‌کند. برنارد آرنولد از شرکت ال وی ام اچ، که عرضه‌کننده‌ی برندهای لوکسی مانند دیور، و لوئیس ویتون است می‌گوید "یک برند با شخصیت و تعهد شرکت برای

ارتباط برقرار کردن با مردم در سطحی عاطفی، به زندگی آنها آمده و با لحظات آنها گره می‌خورد. چیزی که من دوست دارم حضور مفهوم احساس است و وقتی که نتیجه‌ی فروش را می‌بینم، بیشتر به آن معتقد می‌شوم".

مارتین لیندستروم از طلیعه‌داران برندسازی حسی است، وی کتابی نیز در این حوزه تحت عنوان حس برند- ساخت برندهای قدرتمند از طریق لامسه، چشایی، بویایی، بینایی و شنوایی چاپ کرده است.

تئوری لیندستروم بسیار ساده است- برندهایی که چند حس مخاطب را درگیر کنند موفقتر از برندهایی خواهند بود که تنها روی یک یا دو حس تمرکز دارند. این احساس را می‌توان در تبلیغات محصول لحاظ کرد، برای مثال با عناصری نظیر رنگ یا لوگویی متمایز، و یا در خود محصولی گنجاند، مانند زنگی خاص روی گوشی همراه یا عطر صابون.

خطوط هوایی سنگاپور از پیشتازان استفاده از روشهای برندسازی حسی است است. آنها عطری منحصر به خود را نیز دارند که خدمه‌ی پرواز مورد استفاده قرار می‌دهند و می‌توان آن را در فضای هواپیما و میان حوله‌ها استشمام کرد. از طرفی لباس میهمانداران نیز طراحی خاص و سنتی دارد و از جنس ابریشم بوده، و المانهایی از کابین هواپیما نیز در آن طراحی شده است. تبلیغات این هواپیمایی نیز همین عناصر را در خود گنجانده است و احساس مشتری را تحریک می‌کند.

یکی از اساسی‌ترین عناصر نظریه‌ی لیندستروم چیزی است که او از آن با عنوان "برند خود را درهم بکوبید" یاد می‌کند. منظور او از این عبارت آن است که باید برندی ساخته شود که حتی در صورت حذف یکی از المانهای بازاریابی از آن مثل لوگو، بسرعت مصرف‌کننده شناسایی کند و نام شما با مصرف محصول بی‌نام و نشانتان بلادرنگ در مغز مشتری تداعی شود.

بو و رایحه، بویژه در ناخودآگاه انسان تأثیرات عجیبی می‌گذارد و گاهی احساسی نوستالژیک به انسان منتقل می‌کند و با برانگیختن احساسات ما را به یاد خاطراتمان می‌اندازد.

لیندستروم در مطالعات خود متوجه شد که تنها ٪۳ از ۱۰۰۰ شرکت منتخب فورچون از عنصر بو برای بازاریابی برند خود بهره برده‌اند. به‌رغم آنکه ادعا می‌شود که ٪۷۵ از احساسات و هیجانات ما در اثر چیزهایی که بو می‌کنیم به وجود می‌آید.

در عوض غولهای خودروسازی دراین میدان خوش درخشیده‌اند. در اواخر دهه‌ی ۹۰ میلادی دایملرکرایسلر دپارتمانی را تأسیس کرد که تنها مختص بهبود صدای درِ اتومبیلهایش بود.

امروز بیشتر ملحقات و قطعات اتومبیل مصنوعی است و دیگر خبری از چرم طبیعی روکش و قطعات چوبی در اتاق اتومبیلها نیست.

اما شرکت رولز رویس بوی کلاسیک چرم و چوب اتومبیلهای نیم‌قرن پیش مثل سیلور کلود (silver cloud) را به محصولات جدید خود افزوده است تا تجربه‌ای بی‌بدیل را در مشتریانش به وجود آورد. مهندسان بوشناس این شرکت، عطرهای تهیه شده‌ی خود را در زیر صندلیها تعبیه کرده‌اند تا با قلقلک دادن ذهن مشتری، رضایت و لذت او را از رانندگی چند برابر کنند.

لیندستروم فهرستی از مشهورترین برندهایی که برای تبلیغ توسعه‌ی برند خود از عنصر بو استفاده می‌کنند تهیه کرده است. در این فهرست اسامی شرکتهایی مثل هواپیمایی سنگاپور، اپل، دیزنی، مرسدس بنز، مارل بورو، نوکیا، هارلی دیویدسون، ایکیا، لوئیس ویتون، موتورولا، ویرجین، سونی، برگرکینگ، مایکروسافت و آدیداس به چشم می‌خورد.

اما استفاده از این روشها تنها منحصر به تولیدکنندگان بزرگ نمی‌شود و اندک‌اندک در دنیای سیاست نیز وارد می‌شود.

دسامبر سال ۲۰۰۸ بود که خبرگزاری رویترز در گزارشی اعلام کرد که ستاد لی‌میونگ-باک، کاندیدای ریاست‌جمهوری کره جنوبی، در کمپین‌ها و رویدادهای مربوط به او و نیز مناطق همجوار حوزه‌های رأی‌گیری عطری به نام "کره‌ی کبیر" را در میان جمعیت می‌افشاند. به گفته‌ی یکی از اعضای تیم فرهنگ و هنر حزب محافظه‌کار، این عطر یادآور هویت و شخصیت برند لی‌میونگ است. مفهوم این عطر امید، پیروزی و اشتیاق است.

رأی‌دهندگان امروز این عطر را استشمام می‌کنند. اما وقت رأی دادن، به یادشان می‌آید که باید نام چه کسی را روی برگه‌ی آرا بنویسید!

کره‌ای‌ها تبحر بسیاری در این زمینه دارند و خطوط هوایی کره نیز در این باره اقدامات فوق‌العاده‌ای صورت داده است. اما با این همه، برندسازی با استفاده از عطر و بو مقوله‌ای جدید بویژه در سیاست است.

گفتار ششم

دیجیتالیسم و نقش آن در بازاریابی حسی- تجربی

رویدادهای اقتصادی اخیر، تغییری پایا را در میانگین و ذائقه‌ی مصرف‌کننده به وجود آورده است. مصرف‌کنندگان مدرن دیگر همچون گذشته از شبکه‌های اجتماعی صرفا برای انتشار، و اشتراک رویدادهای روزمره زندگی و برقراری ارتباط استفاده نمی‌کنند بلکه، امروزه آنها خواهان کسب تجارب عمیق‌تر از این فضاها هستند؛ خواه تجارب آنلاین، و خواه آفلاین و خواه آمیزه‌ای از این دو فضا.

در واقع مصرف‌کننده‌ی مدرن، تجربه را به محصول ترجیح می‌دهد. پس مهمتر از خود محصول، تجربه‌ای است که مصرف‌کننده قبل، حین، و پس از استفاده از آن به دست می‌آورد و موجب تکرار خرید و وفاداری و یا اجتناب او می‌شود.

اما بازاریابی حسی، شناسایی و تأمین نیازها و علائق مشتری به روشی سودآور است، به نحوی که:

الف) مصرف‌کنندگان را از طریق ارتباطات دوجانبه و زنده با خاطره‌ای مثبت و به‌یادماندنی درگیر می‌کند.

ب) شخصیت برند را ملموس می‌کند و به زندگی روزمره می‌آورد.
ج) برای مشتریان هدف، ارزش افزوده ایجاد می‌کند.

بازاریابی حسی برای مشتری خاطره‌ای به‌یادماندنی و جذاب ایجاد می‌کند که طی آن مشتری با لمس کردن، چشیدن، بوئیدن، شنیدن و دیدن محصول (غوطه‌وری در برند)، فرصت تجربه‌ی برند را داشته باشد. بازاریابی حسی با طراحی و اجرای تجربه‌ی زنده‌ی برند برای مشتریان، در پی به زندگی آوردن برند است تا سطح قابل قبولی از برنداشتغالی را در زندگی مشتری ایجاد کند.

در اینجا به بررسی ۵ روند دنیای دیجیتال می‌پردازیم که مصرف‌کنندگان را از مدل مصرف کنونی، به الگوی مصرف تجربه‌محور سوق می‌دهد. تکنولوژی امروزه به چنان جایگاهی رسیده است که می‌تواند تمام حواس انسان را تحت تأثیر قرار دهد و به این ترتیب سکوی پرتابی برای اجرای موفقیت‌آمیز پروژه‌های بازاریابی از نوع میدانی، تجربی، و یا حسی باشد.

۱- تفکر یا اندیشه بصری (Visual Thinking)

تفکر بصری، به معنای استفاده از تصاویر به عنوان ابزاری برای تعامل و ارتباط، به عنوان یک روند در مباحث آموزشی به منظور بهبود یادگیری و حفظ آن شروع شد. در خلال دهه‌ی گذشته، این روند تکامل یافته و به عنوان ابزاری راهبردی در دست بازاریابان و شرکتهای مدیریتی جهت کمک به مشتریان برای یافتن پاسخ مسائل پیچیده و مصور ساختن راهکارها از طریق ابزار بصری پذیرفته شده است. این فرایند را می‌توان در هر مقوله‌ای به کار برد، و برای ارتقای کیفیت تجربه در هر مخاطب یا جمعیتی، مورد استفاده قرار داد.

هم‌اکنون جامع‌ترین و اثربخش‌ترین کار در زمینه‌ی تفکر بصری را شرکت گروپ پارتنرز (Group Partners) در لندن اجرا کرد. رویکرد پیش

روی این شرکت، این امکان را فراهم می‌سازد تا راهکارها و ایده‌ها با مشارکت خود مشتری ایجاد و ارائه شوند.

شرکت مذکور، تکنیک فوق را در بیش از ۲۵۰۰ کسب‌وکار اعم، از خصوصی یا دولتی به کار بسته است، از آن جمله می‌توان به کوکاکولا، رولزرویس، بی‌بی‌سی، و... اشاره کرد. از این چارچوب می‌توان برای حل هر مشکلی بهره برد، و می‌توان همزمان شاهد توسعه‌ی ارزش‌مدار نیز بود. همگام با حرکت جهان به سوی اندیشه تصویری و پردازش اطلاعات در قالب اشکال و گرافیک، استفاده از تفکر بصری بیش از پیش ضروری می‌نماید.

۲- زیبایی‌شناسی نوین (The New Aesthetic)

اصطلاح "زیبایی‌شناسی نوین" از سوی جیمز بریدل، نویسنده و فن‌شناس اهل بریتانیا، ابداع شد. این عبارت به کمرنگ شدن مرز میان دنیای واقعی و دیجیتال اشاره دارد.

پدیده‌ی زیبایی‌شناسی نوین در حال حاضر چندپاره و پراکنده است و آوردن مثال یا مصداق عینی و منسجم از آن برای یک بازاریاب به منظور درک پتانسیل‌های آن بسیار دشوار است. اما، از آنجا که موضوع زیبایی‌شناسی مرتبط با نحوه‌ی ادراک و ارزش‌دهی زیبایی از سوی ما انسان‌ها است، خرده‌فروشان تلاش‌هایی را در راستای آزمودن این روش از طریق تجارب دیجیتال برای مصرف‌کنندگان صورت داده‌اند.

یکی از این نمونه‌ها، مثال یکی از خرده‌فروشان محصولات لوکس به نام لوئیس ویتون (Louis Vuitton) است، که نوعی قابلیت جدید را برای آی‌فون طراحی کرده است. لوئیس کاربران را تشویق می‌کند تا طرحی نو در واقعیت و جهان دراندازند، و تصاویر خود را از طریق افکت‌های طراحی شده با دست یکی از هنرمندان مشهور (Yayoi kusama)، ویرایش کرده و

سپس ارسال کنند؛ آمیزه‌ای از هنر دست و هنر فناوری. این کاربرد دربردارنده‌ی مفاهیم زیبایی‌شناسی نوین است و به بازاریابان مجال درک کامل ظرفیتهای این رویکرد را به‌عنوان یک تاکتیک بازاریابی حسی - تجربی می‌دهد و در عین حال امکان تجربه و لمس برخی از این محصولات لوکس را در اختیار مصرف‌کنندگان قرار می‌دهد.

۳- فناوری نرم یا آرام (calm technology)

فناوری آرام و نرم اشاره به ابزاری دارد که از شدت و یا حجم داده‌های دیجیتال به اندازه‌ای می‌کاهد که کاربر تنها دارای اطلاعات کافی باشد نه اطلاعات زیاد از حد، تا بدین وسیله بتواند تمرکز خود را روی یک وظیفه جلب کند و دچار پریشانی خاطر نشود.

ایده‌ی این طرح متعلق به مارک ویسر (Mark Weiser) است که بر پایه‌ی آن عوامل برهم‌زننده‌ی تمرکز ما روی جریان کاری‌مان بدون از دست دادن عملکرد کاهش می‌یابند.

ویسر اینگونه فرض می‌کند که ما نباید درصدد ورود به دنیای مجازی آن هم به‌وسیله‌ی خرید در محیطهای سه‌بعدی برآییم بلکه، این فناوری دیجیتال است که باید به‌گونه‌ای وارد زندگی ما شود که آن را به کام ما سهلتر و آرامتر کند، نه آنکه حواس ما را از زندگی پرت کند و آن را دچار وقفه سازد؛ بدین‌رو مرز میان تجارب زندگی حقیقی و دیجیتال کمرنگ می‌شود. البته روشن است که فناوری آرام لزوماً همسو با اهداف بازاریابی نیست؛ چرا که ایده‌ی کلی آن کاهش جریان اطلاعات برای مردم است، نه افزایش آن.

با این حال به نظر می‌رسد که مردم تمایل به استفاده و پذیرش ابزاری دارند که اطلاعات را ساده و مؤثر کند؛ چیزی که امروزه بازاریابان به ارزش ذاتی آن واقف هستند.

۴- نورومارکتینگ یا بازاریابی عصبی

نورومارکتینگ یا بازاریابی عصبی حوزه‌ای جدید در تحقیقات بازاریابی است که به مطالعه‌ی واکنش شناختی مصرف‌کنندگان به محرک بازاریابی می‌پردازد. شرکتها به جای استفاده‌ی صرف استفاده از گروههای کانونی، شروع به بهره‌گیری از دانش و کسب درکی بالاتر از عملکرد مغز کرده‌اند، تا به این ترتیب وب‌سایتهای خود را اصطلاحاً چسبنده و جذاب، و ذهن مصرف‌کننده را در جهت خرید محصولات خود دستکاری کنند.

پیش‌فرض بازاریابی عصبی آن است که تصمیمات خرید مصرف‌کننده در کسری از زمان در ناخودآگاه او، یعنی بخش هیجانی مغز گرفته می‌شود. هدف نهایی نورومارکتینگ سوق دادن ذهن مشتری به محصولاتی است که عمیقاً به آن نیاز دارد؛ و به عبارتی هدایت خرید آنها. رضایتمندی از خرید، حس وفاداری به محصول را برمی‌انگیزد و در عین حال امکان افزایش سودآوری و ارتقای فرایند کسب‌وکار را برای برندها فراهم می‌کند.

نورومارکتینگ به‌عنوان یک رشته مطالعات علمی، در ابتدا از سوی برخی شرکتهای بزرگ نظیر پپسی، آزمایشهایی را در گروهی از شرکت‌کنندگان به اجرا درآورد. ماحصل این اطلاعات، از سوی شرکت مزبور مورد توجه قرار گرفت.

اگرچه بازاریابان هنوز به‌طور کامل نتوانسته‌اند چگونگی به‌کارگیری این اطلاعات و داده‌ها را شناسایی کنند، با این حال برای بسیاری از ما اتفاق افتاده است که در موقع خرید و در آخرین لحظات، تصمیم خود را عوض کرده باشیم. شاید یادآوری یک خاطره، یا شاید هم یک حرف کوچک از طرف فروشنده، تصمیم ما را به کلی تغییر داده باشد. اگر قبول کنیم که هر کدام از ما در موقع خرید، عملی از نوع تصمیم‌گیری می‌زنیم، پس در هر خرید، ما یک فعالیت ذهنی پیچیده انجام می‌دهیم؛ فعالیتی که رابطه‌ی تنگاتنگی با مسائل روانی و درونی ما دارد.

حالا متخصصان علوم عصبی به کمک بازاریابان آمده‌اند تا آنها بتوانند ذهن مشتریان خود را بخوانند. و شاید روزی محصولاتی به بازار عرضه شوند که شما به هیچ‌وجه قادر به پس زدن پیشنهاد خرید آنها نباشید!

۵- منحصربه‌فرد بودن (Singularity)

منحصربه‌فرد بودن، مفهومی است به معنای آنکه فناوری می‌رود تا هوشمندتر از بشر شود. هنگامی که فناوری از ظرفیت انسان در درک جهان پیش افتد، نسل ما وارد عصر جدیدی خواهد شد که ما عیناً قادر به تصور آن نیستیم؛ چرا که قدرت مغزی این کار را نداریم.

نظریه‌ی بازیها، یکی از مؤلفه‌های اصلی در پژوهشهای نظری پیرامون منحصربه‌فرد بودن است. نظریه‌ی بازیها، شاخه‌ای از ریاضیات کاربردی است که در علوم اجتماعی بویژه در اقتصاد، زیست‌شناسی، مهندسی، علوم سیاسی، روابط بین‌الملل، بازاریابی و فلسفه مورد استفاده قرار گرفته است. نظریه‌ی بازیها در تلاش است به کمک ریاضیات، رفتار را در شرایط راهبردی یا بازی، که در آنها موفقیت فرد در انتخاب کردن وابسته به انتخاب دیگران است، به دست آورد.

یک بازی شامل مجموعه‌ای از بازیکنان، مجموعه‌ای از حرکتها یا راهبردها (Strategies) و نتیجه‌ی مشخصی برای هر ترکیب از راهبردها است. پیروزی در هر بازی تنها تابع یاری شانس نیست بلکه، اصول و قوانین ویژه‌ی خود را دارد و هر بازیکن در طی بازی سعی می‌کند با به‌کارگیری آن اصول، خود را به برد نزدیک کند. رقابت دو شرکت تجاری در بازار بورس کالا، نمونه‌هایی از بازیها هستند.

هنگامی که تئوری بازی را با روندهای کنونی جایگزین می‌کنیم، می‌توان شاهد از میان رفتن فاصله‌ی میان اتفاقات روزمره با دنیای خیالی و فانتزی بود.

گفتار هفتم
ایده‌های بازاریابی برای استارتاپ‌ها

استارتاپ‌ها (Startup) شرکتهای کوچک، جوان و نوپایی هستند که عموماً از یک ایده‌ی ناب شکوفا می‌شوند و در بستر فناوری شکل می‌گیرند و رشد می‌کنند.

استارتاپ‌ها به دلیل ماهیت خود، سازمانهایی بسیار کوچک هستند و نیروی انسانی چندانی نمی‌طلبند و هدف از ایجاد آنها توسعه‌ی پدیده‌ی خود اشتغالی است. البته این شرکتهای کوچک در صورت مدیریت صحیح و اثربخش می‌توانند در کمترین زمان به بزرگترین غولهای تجاری تبدیل شوند.

عموماً مدیران این شرکتهای تازه تأسیس، خود به تنهایی مسئولیت خلق ایده تا ایده‌پروری و به بار نشاندن این ایده و سپس بازاریابی و فروش برای آن را بر عهده دارند. بسیاری از ابر برندهای جهانی در آغاز تنها یک استارتاپ و ایده‌ای ساده و ناب بوده‌اند، و این موضوع دلیلی بر اهمیت بسیار استارتاپ‌ها در فرایند کسب‌وکار و رونق اقتصادی است.

عصر دیجیتال و گسترش فناوری موجب شده که افراد ایده‌پرداز و

دارای تفکر خلاق بتوانند شرکتهایی خانگی و بسیار کوچک را تأسیس کنند و به پرورش ایده‌های خود بپردازند. بیل گیتس و مارک زوکربرگ از جمله مطرح‌ترین افرادی هستند که توانستند با یک ایده به ثروتی کلان دست یابند.

در واقع کسانی مثل بیل گیتس کار خود را از استارتاپ‌های بسیار کوچک کلید زدند و توانستند با برنامه‌ریزی صحیح در دنیا شناخته شوند. مهمترین عامل در موفقیت استارتاپ‌ها وجود ایده‌های بکر، ناب، و متمایز و نیز وجود یک متولی خوش‌فکر برای به بار نشاندن این ایده‌ها است.

ایجاد استارتاپ‌ها مراحل بسیاری دارد: پس از خلق ایده (مرحله‌ی ایده‌سازی) نوبت به ارزیابی آن ایده (مرحله‌ی ارزیابی ایده) می‌رسد، در مرحله‌ی بعد می‌بایست این ایده پرورش یابد (مرحله‌ی ایده‌پروری) و سپس بر بستر آن یک شرکت شکل بگیرد. بنابراین ایده و ایده‌پردازی محوریت استارتاپ‌ها را تشکیل می‌دهد.

استارتاپ‌ها از نظر منابع با محدودیت مواجهند و ناگزیر باید به روشهای کم‌خرج‌تر برای بازاریابی روی آورند. آنها نمی‌توانند شبیه برندهای بزرگ برای خود تبلیغ کنند، بنابراین خلاقیت و نوآوری تنها سلاح استارتاپ‌ها در میدان نبرد با غولهای تجاری جهان است. آنها می‌بایست رویکردی مشتری‌محور اتخاذ کنند و در تبلیغات خود تنها نفع مشتری را در نظر بگیرند تا بتوانند نظر مصرف‌کنندگان را به خود جلب کنند. استارتاپ‌ها ناگزیر هستند که در قیمت‌گذاری احتیاط به خرج دهند و محصولات خود را با قیمت مناسبتر ارائه دهند. در عین حال محصول آنها باید از نظر کیفیت یک سروگردن از محصولات رقبای بزرگ بهتر باشد. آنها باید اوج خلاقیت خود را در نبوغ تبلیغاتشان نشان دهند و از روشهایی برای تبلیغات بهره ببرند که به‌وسیله‌ی رقبای بزرگ از قلم افتاده‌اند. تبلیغات آنها باید رویکردی انسانی داشته باشد و از اهداف صرفاً سوداگرایانه پرهیز

کند. برقراری اتحادها و همکاریهای مشترک و گسترش شبکه‌ی ارتباطات در زمینه های گوناگون مثل تبلیغات و کمپینهای تبلیغاتی مشترک، از جمله دستور کارهای استارتاپ‌ها و شرکتهای کوچک است.

مشتریان از اهمیت بالایی در استارتاپ‌ها برخوردار هستند و می‌بایست آنها را به عنوان سفرای این شرکتها مد نظر قرار داشت. در واقع رفتار استارتاپ‌ها با مشتریانشان باید رفتاری توأم با احترام بوده و می‌بایست با آنها به مثابه نمایندگان فروش خود تعامل کنند.

در رویکردهای نوین به کسب‌وکارهای کوچک، مشتری به عنوان همکاری با اهداف مشترک در نظر گرفته می‌شود. همگی ما به هنگام خرید به تجربه‌ی دوستان خود رجوع می‌کنیم و روی نظر آنها حساب باز می‌کنیم و این دلیلی محکم بر اهمیت مشتریان است؛ چرا که اگر جامعه نسبت به ما به دیده‌ی مثبت بنگرد می‌توان انتظار داشت که موفقیتهای بزرگ بسیاری نصیب سازمان خواهد شد.

موفقیت شرکتهایی مثل اپل، نایک، مایکروسافت، گوگل، و... به معجزه می‌ماند. اما خوشبختانه می‌توان با پیروی از الگوی موفقیت آنها به دستاوردهای بزرگی دست یافت. در ادامه به مرور برخی از ایده‌های اثربخش بازاریابی برای کسب‌وکارهای کوچک می‌پردازیم:

ایده‌ی اول- محصول خود را از طریق کانالهای نامتعارف بازاریابی عرضه کنید

مهمترین عامل در موفقیت استارتاپ‌ها و بقای آنها در محیط بشدت رقابتی امروز این است که متمایز باشند. آنها باید مخاطبانی متفاوت برای خود تعریف کنند و از کانالهای متفاوت با این مخاطبان ارتباط بگیرند. برای مثال امروزه برخی استارتاپ‌ها محصولات خود را از طریق تولید محتوا در رسانه‌های وبلاگی معرفی و تبلیغ می‌کنند. این دسته وبلاگها دارای

مخاطبانی خاص و متفاوت هستند و بستری مناسب برای بازاریابی به شمار می‌روند.

ایده‌ی دوم- رسمی نباشید

واقعیت این است که استارتاپ‌ها نمی‌توانند سرمایه‌گذاری زیادی روی تبلیغات خود کنند. در این میان پرهیز از الگوهای رایج و رسمی در کسب‌وکار می‌تواند عاملی تمایزبخش برای تبلیغات آنها باشد. بسته‌بندیهای فاخر چندان مناسب محصولات شرکتهای استارتاپ نیست، و امروزه برای مثال بعضی از تولیدکنندگان محصولات مد و زیبایی، خود اقدام به تولید بسته‌بندیهای دست‌ساز و هنرمندانه برای محصولاتشان می‌کنند.

برخی دیگر نیز برای تبلیغات خود به تولید ویدئوهای کوچک طنزآمیز روی می‌آورند و این محتوای ویدئویی را روی سایتهای تماشای ویدیو به اشتراک می‌گذارند. واقعیت این است که طنز ابزاری مؤثر در جلب نظر مخاطبان است.

خلاقیت برخی از استارتاپ‌ها تا بدانجا پیش می‌رود که گاه رسانه‌های بزرگ خود پیشقدم معرفی، و ترویج رایگان آنها می‌شوند.

ایده‌ی سوم- از ترفندها و تکنیکهای ماندگار در ترویج برند خود بهره ببرید

زمانی که لانس آرمسترانگ، دوچرخه‌سوار معروف، به بیماری سرطان مبتلا شد، اقدام به تأسیس بنیاد درمان سرطان آرمسترانگ کرد. وی برای ترویج و حمایت از این بنیاد شروع به فروش روبانهای زرد رنگی کرد که به عنوان دستبند یا هدبند مورد استفاده قرار می‌گرفتند و جنبه‌ای انسان‌دوستانه را به نمایش می‌گذاشتند.

اما چگونه شد که این ایده‌ی کوچک تا به این حد فراگیر و موفق شد؟

دلیل آن بود که این محصول هدفی والا را دنبال می‌کرد، نسبتاً ارزان قیمت بود و به سادگی قابل استفاده بود. افرادی که این روبانها و دستبندها را به دست می‌کردند، با دیدن دیگر کسانی که این محصول را به دست داشتند به وجد می‌آمدند و احساس غرور آنها را سرشار می‌کرد. جالب آنکه سطح شهر نیز به صحنه‌ی نمایش قدرت این برند نوپا تبدیل شده بود.

اقلام تبلیغاتی اینچنینی که مفهومی عمیق درون آنها نهفته است، ابزاری مؤثر در ترویج برندهای نوپا و استارتاپ‌ها هستند؛ چرا که افرادی که این نمادها را بر تن می‌کنند به بیلبوردهای متحرک شما تبدیل می‌شوند.

ایده‌ی چهارم- از روشهای نامتعارف برای تعامل با مخاطبان بهره ببرید
استارتاپ‌ها برای بقا چاره‌ای جز تمایز ندارند. آنها باید همواره دنبال مسیرهای میان‌بر برای معرفی خود به جامعه باشند. برای مثال رستوران مستر دیزی در ایران توانست مدل جدیدی از تعامل با مخاطبان را ارائه کند و آوازه‌ی خود را در گوش مصرف‌کنندگان طنین‌انداز کند. یا در گوشه‌ای دیگر از کره‌ی خاکی یک فروشگاه نسبتاً کوچک مواد غذایی ارگانیک با هدف تعمیق تعاملات خود با مصرف‌کنندگان، کارگاههای آموزشی آشپزی ارگانیک برگزار کرد تا بدین وسیله برای مشتریان خود تولید ارزش کند.

ایده‌ی پنجم- رعایت اصل سادگی
گاه ایده‌های برتر همان ساده‌ترین ایده‌ها هستند، درست همانند لوگوی ساده و بی‌تکلف برند نایک. غربیها مثالی با این مضمون دارند که ساده زیبا است، کوچک زیبا است.

نمونه‌ی دیگری از برندهای مطرح دنیا که نماد سادگی به شمار می‌رود،

طراحی صفحه‌ی خانگی گوگل است که در اوج سادگی بالاترین کارآیی را دارد.

وجه تمایز گوگل با دیگر هم‌قطاران خود در همین سادگی خلاصه می‌شود. زمانی که بنیانگذاران گوگل قصد داشتند که موتور جستجوگر خود را راه‌اندازی کنند، تأکید داشتند که این موتور باید بدون شاخ و برگهای زائد باشد. این موضوع سبب شد که گوگل بسرعت مورد توجه قرار گیرد؛ چرا که رقبای این موتور جستجوگر فاقد سادگی و سهولت کاربرد گوگل بودند.

ایده‌ی ششم- از رسانه‌ای استفاده کنید که مخاطبانتان از آن استفاده می‌کنند

آیا می‌دانید که مخاطبان هدفتان عمده‌ی وقتشان را در چه رسانه‌هایی سپری می‌کنند؟

به روشهای زیر می‌توان به پاسخ این سؤال پی برد:

۱- مستقیم از خود مخاطبان هدف سؤال کنید؛ تلفن را بردارید و با تعدادی از دوستان و آشنایانی که احتمالاً به محصولاتتان علاقه‌مند هستند تماس بگیرید و نظر آنها را در این خصوص جویا شوید. و یا راه بیفتید و کمی بازارگردی کنید تا پاسخ خود را پیدا کنید.

۲- یک پیمایش آنلاین انجام دهید.

۳- از شرکتهای متخصص برای تحقیقات بازاریابی استفاده کنید.

ایده‌ی هفتم- شعار خود را سر زبانها بیندازید

مؤلفه‌ها و ویژگیهای یک شعار خوب کدام هستند؟ یک شعار خوب تنها از کنار هم چیدن واژگان زیبا و بیان اهداف و مأموریت سازمان به دست نمی‌آید. در عوض یک شعار خوب وجه تمایز شما از رقیبان را به مشتری

نشان می‌دهد. این شعار می‌تواند ارزش برند شما را به دنیا مخابره کند. البته تنها شعار دادن کافی نیست بلکه، جامه‌ی عمل پوشاندن به شعارها و ارزش‌آفرینی برای مشتری است که می‌تواند کسب‌وکار کوچک شما را توسعه دهد.

گفتار هشتم
درسهای بازاریابی از ارتش

نظامیان خدمات بسیاری را در حوزه‌ی کسب‌وکار به دنیا عرضه کرده‌اند. از اختراع نمونه‌های اولیه‌ی قوطیهای کنسرو به‌وسیله‌ی مهندسان نظامی ناپلئون بناپارت تا اختراع کرمهای ضد آفتاب به‌وسیله‌ی دریانوردان و ملوانان انگلیسی‌تبار که از آفتاب‌سوختگی رنج می‌بردند، و نیز ابداع اینترنت و نیز مفاهیمی نظیر استراتژی از جمله دستاوردهای دانشمندان ارتش برای دنیای تجارت بوده است.

به طور کلی ریشه‌های استراتژیها و راهبردهای کسب‌وکار را می‌توان در مفاهیم نظامی و اصطلاحاتی مثل رقابت، صحنه‌ی نبرد، راهبردهای تهاجمی یا تدافعی، فرصت‌یابی، تصاحب قلمروی بیشتر، استفاده از نقاط ضعف حریف و از این قبیل اصطلاحات یافت.

اقیانوس آبی، اقیانوس سرخ، اقیانوس بنفش

صحنه‌ی تجارت، صحنه‌ی رقابتی بیرحمانه است. در این حوزه سه اصطلاح اقیانوس آبی، اقیانوس سرخ و اقیانوس بنفش مطرح هستند. مقصود از

اقیانوس همان بازار است و اقیانوس آبی به تعبیر جان کیم، همان بازارهای بکر و بدون رقیب هستند، در مقابل این استراتژی صلح‌آمیز، استراتژی بشدت رقابتی اقیانوس سرخ قرار دارد که در بازارهای اشباع شده رواج دارد و اتخاذ رویکردهای خصمانه به‌وسیله‌ی شرکتها حتی می‌تواند به نابودی یکدیگر بینجامد. استراتژی اقیانوس بنفش حد میانه‌ی این دو راهبرد است، همان‌گونه که می‌دانیم رنگ بنفش ترکیبی از دو رنگ سرخ و آبی است. نوآوری، بهبود کیفیت خدمات و کالاها، محصولات جدید و خلاقانه، و کاهش قیمتها از جمله منافع اتخاذ چنین راهبردهایی در صحنه‌ی رقابت است. استراتژی اقیانوس بنفش را می‌توان راهبرد توأمان صلح و نبرد دانست.

در ادامه‌ی مطلب، به مرور برخی دیگر از آموزه‌های نظامی در دنیای بازاریابی می‌پردازیم.

آموزه‌های نظامیان برای بازاریابان
- **تحلیل موقعیت؛ مهارتی که در آن اهمال می‌شود**

سربازان همواره زمانی را صرف آموختن اصول اولیه‌ی فرماندهی و کنترل و نیز یادگیری مفاهیم عملیات جنگی می‌کنند. با این همه، بسیاری از این آموخته‌ها در میدان عمل و تمرینات عملیاتی ناکام می‌مانند. دلیل اصلی این ناکامی، نادیده گرفتن عناصر تحلیل موقعیت و عدم درک صحیح از اهمیت آن است. عدم تحلیل جامع میدان نبرد و موقعیت، عدم توجه به ذخایر دشمن یا رقیب، نادیده گرفتن محرکهای سیاسی و لابی‌ها، و به طور کلی اهمال در تجزیه‌وتحلیل دقیق شرایط از جمله عوامل شکست در تمرینهای نظامی هستند.

در بازاریابی نیز اوضاع کم و بیش به همین منوال است و بسیاری از شکستها نه به دلیل نوع اجرا بلکه، به دلیل برآورد غلط از شرایط رخ می‌دهد. برای مثال تحلیل غلط در خصوص مخاطب، و یا تشخیص اشتباه

نیازهای آنها، یا نادیده گرفتن و دست‌کم گرفتن برخی رقبا، و برآورد غلط در خصوص قیمت از جمله‌ی این موارد هستند.

بنابراین به هنگام برنامه‌ریزی، مبانی اولیه‌ی تحلیل موقعیت را نادیده نگیرید (تحلیل SWOT یا به تعبیر کاتلر TOWS و ارزیابی نقاط قوت و ضعف و فرصتها و تهدیدها و یا شناسایی آمیخته‌ی بازاریابی نقطه‌ی شروع مناسبی برای تحلیل جامع موقعیت هستند).

● برنامه‌ریزی با تفکر راهبردی

میدان نبرد به هیچ وجه قابل پیش‌بینی نیست و به همین دلیل باید با تفکر استراتژیک به وقایع صحنه‌ی جنگ پرداخت. در شرایط نظامی قبل از هر عملیات، تمرین یا مشق نظامی، و یا حتی تمرینهای روزانه، زمانی توسط فرماندهان صرف آماده شدن برای مقابله با سناریوهای پیش‌رو می‌شود تا برآوردی نسبتاً جامع‌نگرانه به دست آید. برنامه‌ریزی راهبردی به ما کمک می‌کند تا با روی دادن سناریوهای پیش‌بینی نشده غافلگیر نشویم و بتوانیم با سرعت عمل بالاتری در مقابل آن عکس‌العمل نشان دهیم.

در مطالعه‌ای در خصوص بزرگان بازاریابی جهان مشخص شد که یکی از تفاوتهای اساسی میان بازاریابان ممتاز و بازاریابان معمولی، تفاوت آنها در صرف زمان برای برنامه‌ریزی است. به‌طور کلی بازاریابان زبده چهار برابر زمان بیشتری را صرف برنامه‌ریزی راهبردی می‌کنند. بنابراین برای کسب توفیقات بیشتر، ۲۰٪ از زمان خود را صرف برنامه‌ریزی استراتژیک کنید.

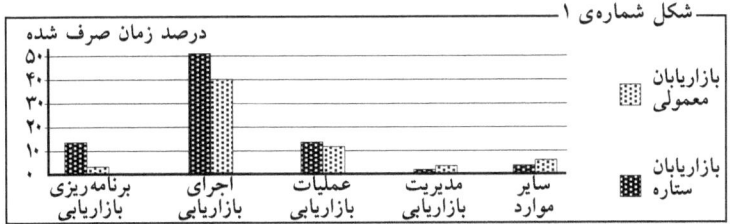

شکل شماره‌ی ۱

● سنگرگاههای خود را شناسایی و برنامه‌ی حمله داشته باشد.

طرفهای پیروز جنگ از نبرد ترموپیل میان سپاه روم و لشکریان خشایارشا هخامنشی تا حمله به نورماندی و تمام نبردهای بزرگ دنیا، لشکری بوده که توانسته در خصوص نقاط ضعف دشمن اطلاع حاصل کند و با تمام قوا به آن نقاط حمله‌ور شود. جفری مور، در کتاب عبور از پرتگاه در خصوص مفهوم سنگرگاه بازاریابی مطالبی را بیان می‌دارد، سنگرگاهها در اصطلاح بازاریابی به معنای گوشه‌های دنج بازار هستند که می‌توان با تمام قوا و بدون دردسر به آنها نفوذ کرد و به سودآوری دست یافت. بنابراین در هر عملیات بازاریابی، چه کوچک و یا چه بزرگ، ابتدا سنگرگاه خود را شناسایی، سپس با تمام نیرو به آن یورش ببرید.

● تمرکززدایی و مدیریت هدف‌محور

ایده‌ی دستورات تمرکززدایی شده و هدف‌محور، مفهومی اساسی در نظریه‌ی فرماندهی و کنترل است. فلسفه‌ی این ایده آن است که یک فرد در آن واحد نمی‌تواند هر کجا باشد، و هر چیزی را از نزدیک لمس و مشاهده کند و بر تمام موارد کنترل داشته باشد. لذا برای آنکه بتوانید بر نتیجه کنترل داشته باشید، می بایست تمرکز را از فرماندهی بردارید، و در عوض هدایت و راهنمایی کنید و به همرزمان قابل خود اعتماد داشته باشد و به آنها تفویض اختیار کنید.

در بازاریابی نیز باید به افراد و هم‌تیمی‌های قابل و هوشمند اعتماد کرد و آنها را در جهت دستیابی به اهداف و چشم‌انداز سازمان هدایت کرد. ارائه‌ی راهنمایی‌های لازم و رهبری تیم از خدشه وارد شدن به برند سازمان جلوگیری می‌کند.

هدفگذاری کنید، چشم‌انداز و نقشه‌ی راه تعیین کنید و اجازه دهید که تیم شما قلمروی مسئولیت خویش را بپذیرد و از آن خود سازد.

• بدانید که چگونه گندم را از کاه سوا کنید

جنگ میدان عدم قطعیت است. متغیرهای ناشناخته، سناریوهای نادیده، و شرایط پیش‌بینی نشده همواره در کمین نشسته‌اند. در چنین شرایطی فرمانده باید بتواند که سیگنالها را از پارازیتها جدا کند و یا به قول معروف گندم را از کاه سوا کند و بداند که چه چیز مهم و چه چیز مهم نیست تا بتواند اینگونه تصمیم‌گیری کند.

در بازاریابی بویژه از نوع دیجیتال آن، می‌توان هر چیز را پیگیری و ارزیابی کرد، لذا توانایی شناسایی عناصر مهم و نادیده گرفتن دیگر عوامل یکی از مهارتهای ضروری در اداره‌ی اثربخش عملیات بازاریابی به شمار می‌رود. یکی از راهکارهای دست یافتن به این مهم، یادآوری و مرور اهداف و نقشه‌ی راه منتهی به چشم‌انداز است؛ در این مسیر هر آنچه که در حواشی قرار دارد قابل چشم‌پوشی خواهد بود.

• یک برنامه‌ی پشتیبان داشته باشید

در اصول نظامی یک قاعده وجود دارد، آن هم اینکه برنامه‌ی اصلی با احتمال شکست بالاتری مواجه است یا بشدت در معرض خطر قرار دارد، چرا که عمده‌ی تلاشهای دشمن معطوف به دفاع در مقابل این برنامه طراحی شده است. داشتن یک برنامه‌ی جایگزین از ضروریات عملیات نظامی و نیازمند تخصیص منابع و مدیریت موازی است.

لذا یک برنامه‌ی راهبردی پشتیبان داشته باشید تا اگر چنانچه برنامه‌ی اول شما را به اهدافتان نرسانید بتوانید از آن بهره ببرید.

هوشمندی به پیروزی می‌انجامد

در نظریه‌ی موسوم به دسیسه در فرایندهای نظامی‌گری، هوشمندی (به معنای اطلاعات طبقه‌بندی و پردازش شده) اصل اساسی عملیات به شمار

می‌رود، نظریه‌ی دسیسه به معنای هنر اقناع از راه شناخت عمیق دشمن است. لذا هوشمندی لازمه‌ی کسب پیروزی در میدانهای نبرد و رقابت است. در بازاریابی نیز، هوشمندی و ادراک نقشه‌ی ذهنی مشتریان و دریافت و طبقه‌بندی اطلاعات و سیگنالهای محیطی امری حیاتی در شناخت و درک رفتار مصرف‌کنندگان است.

● **اطلاعات غیرقابل جایگزین هستند**

اصطلاح چرخه‌ی اودا (ooda loop) یکی از مفاهیم بسیار مهم در زمینه‌ی سازماندهی در بخش فرماندهی و کنترل است. مفهوم این چرخه بسیار ساده است: هر تصمیمی مبتنی بر چرخه‌ای مستمر و نامتناهی است که اجزای آن مطابق شکل زیر هستند:

ــ شکل شماره‌ی ۲ ــ

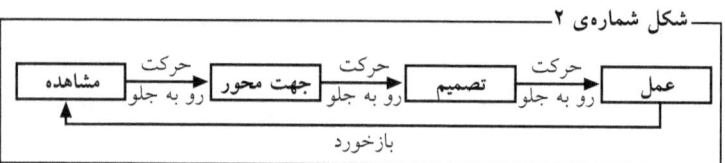

در کمپینهای بازاریابی نیز می‌توان چنین چرخه‌ای را در نظر گرفت: شروع کار با مشاهده‌ی مخاطب و موقعیت؛ جهت‌دهی کمپین به سمت و سوی هدفگیری مخاطبان با تصمیم‌گیری در خصوص موارد قابل ارائه و عرضه، کانالهای توزیع یا رسانه، و کمپینها، اجرای کمپین، و دوباره شروع از سر خط. اما به طور کلی و درست مشابه چرخه‌ی اودا، چارچوب کلی متکی بر وجود بازخورد و اطلاعات است. بدون داشتن داده و اطلاعات در خصوص پیشرفت، توفیق و راهنمای مسیر، راه را گم خواهید کرد. لذا ضروری است که در روند اجرای کمپینهای تبلیغاتی یک بانک اطلاعاتی جامع در اختیار داشته باشیم و دارای سازوکاری برای گردآوری داده از فضای رقابتی باشیم.

● آنچه در میدان نبرد حائز اهمیت است نه تلاشها بلکه، نتیجه‌ی آنها است.

بازاریابی درست همانند نبردی میان ما و رقبای‌مان است. لذا نتیجه‌گرایی از اهمیت بسیاری در آن برخوردار است.

نتایج مطالعه‌ای به‌وسیله‌ی هورنیز گروپ که در سال ۲۰۱۱ منتشر شده حاکی از آن بود که ۷۳٪ از مدیران عامل تصور می‌کنند که بازاریابان فاقد اعتبار تجاری لازم بوده و آنچنان که باید کمکی به رشد کسب‌وکار نمی‌کنند. لذا باید به دنبال روشهایی برای به ثمر نشاندن تلاشها و نمایش نتیجه‌ی این تلاشها بر اثربخشی و عملکرد سازمان بود، بنابراین همواره به نتیجه‌گرایی بیندیشید و از متن فاصله نگیرید.

گفتار نهم
آموزه‌های "هنر جنگ":
هنر بازاریابی حسی- تجربی

"هنر جنگ" یکی از قدیمی‌ترین کتابها در زمینه‌ی استراتژی نظامی در جهان است. نویسنده‌ی این کتاب یعنی سان تزو، یکی از اولین نظریه‌پردازان در روابط بین‌المللی است.

هنر جنگ، یک رساله‌ی نظامی چینی است که در طول ۶ قرن قبل از میلاد نوشته شده است، و کتاب مذکور متشکل از ۱۳ فصل است که هر کدام به یک جنبه از جنگ اختصاص داده شده و تا مدتها به عنوان رساله‌ای استراتژیک مورد تحسین بوده است.

سان تزو در جایی در کتاب خود، هنر جنگ می‌نویسد: استراتژی بدون تاکتیک کندترین مسیر برای کسب پیروزی است. تاکتیک بدون استراتژی نیز صدای شیپور قبل از شکست است. این گفته در مورد هرگونه برنامه‌ی بازاریابی حسی تجربی نیز صادق است. اگر بنای موفقیت دارید، باید راهبرد و یک استراتژی ایجاد و در مسیر آن قدم بردارید.

افراد برداشتهای مختلفی از مقوله‌ی استراتژی دارند. برای برخی، استراتژی به معنای فعالیتهایی است که با هدف مشارکت مخاطب مورد

نظر در آن طرح ریزی شده است. برای دیگران، استراتژی در محیط آنلاین به برند حیات می بخشد، برای بعضی هم استراتژی به معنای شرکت در رویدادهای واقعی و یا فعالیتهای دیجیتال است. همه ی اینها قبول اما ما سخن به نسبت تازه تری برای شما داریم.

ایجاد یا اتخاذ یک چارچوب استراتژیک متناسب با نیاز تجربه یا برنامه ی شما نقطه ی خوبی برای آغاز است.

در اینجا به بررسی چند راهکار و ترفند برای ایجاد یک چارچوب استراتژیک می پردازیم که شما را در صف آرایی درست مقابل نیروهای رقیب و حرکت به سمت پیروزی کمک می کند:

۱- تمامی اهداف خود را به روشنی تصریح و اولویت بندی کنید

سعی دارید با برنامه ی بازاریابی تجربی میدانی خود به چه چیزی برسید؟ اگر هدف رسیدن به یک چیز باشد، آن یک چیز چه باید باشد؟ فرماندهان بسیاری در کاری که ما می کنیم حاضر هستند و به همین دلیل نظرات فراوانی راجع به چیستی و نوع اهداف وجود دارد. سعی کنید تا حتی المقدور روی تعداد هر چه کمتر اهداف به توافق برسید.

چکش کاری کردن فهرست اهداف و رساندن آن به حداکثر تا ۳ مورد به شما در پیشروی درست نیروهایتان به سمت اهداف اطمینان خاطر می دهد.

۲- در مورد خط کش اندازه گیری میزان توفیق کار خود فکر کنید

حال که اهدافتان را تعیین کرده اید، درک چگونگی و زمان نائل شدن به آنها حائز اهمیت خواهد بود.

یک استراتژی اندازه گیری ایجاد کنید که به شما در سنجش میزان پیشرفت تان به سمت اهدافتان کمک کند. قبل از آغاز برنامه ی حسی تجربی

مطمئن شوید که همه‌ی نیروهایتان در جهت برنامه حرکت می‌کنند و روی دستورات و میزان پیشرفت توافق دارند.

۳- آگاه باشید که مبارزه‌ی شما چه نقشی در این میان دارد

همواره درونداد و برونداد کاری را که می‌کنید، شناسایی و درک کنید. دیگر برنامه‌ها چه تاثیری می‌توانند روی کار شما بگذارند؟ رویداد طراحی شده‌ی شما چه سهمی در این کمپین دارد؟

شناخت نسبت به این موارد می‌تواند همچنین به شما اطمینان دهد که بر روی مهم‌ترین چیزها تمرکز کرده‌اید.

۴- برای شناخت هدف خود وقت بگذارید.

فراتر از مباحثی مثل عوامل جمعیت‌شناختی و روانشناختی مخاطبان بیندیشید. مخاطبان به چه چیزهایی علاقه‌مندند؟ چه چیزی مانع یا جاذب آنها است؟ چه نیازهای هیجانی یا عقلانی دارند که برند شما قادر به مرتفع ساختنش باشد؟

انجام این مهم شالوده‌ای مستحکم برای تجاربی ناب خواهد بود و روابط معناداری را میان شما و مشتری ایجاد می‌کند.

۵- در حدوتوان خود عمل کنید. خود را بشناسید و تاکتیک‌هایی را اجرا کنید که بیشترین احتمال را برای موفقیت دارند.

قانون ۸۰/۲۰ را برای فعالیت‌های آزمایشی تجربی به کار بگیرید و در وهله‌ی نخست روی روش‌های آزموده و صحیح تمرکز کنید، همچنین نقاط ضعف خود را بدانید و آماده‌ی غلبه بر آنها شوید.

۶- میدان نبرد را بخوبی بررسی و پیمایش کنید. چه اتفاقات دیگری در

بازار رخ می‌دهد؟

رقبایتان قصد انجام چه کارهایی دارند؟ کدام عوامل اقتصادی- اجتماعی، روندهای بازاریابی، چالشهای کسب‌وکاری و تأثیرگذاران اعم از آنلاین یا آفلاین وجود دارد که باید مدنظر قرار گیرد؟ شناخت محیطی که در آن فعالیت می‌کنید می‌تواند به تشخیص و شناسایی فعالیتهایی که در آن زمان‌ومکان در حال انجام است بینجامد و این یعنی افزایش موفقیت.

۷- برنامه‌ای جامع برای حمله طراحی کنید.

چطور می‌خواهید به جذب مخاطب بپردازید؟ چه تجاربی مخاطبان را در جهت اقدام همسو با اهداف شما وا می‌دارد؟ شما چگونه برند خود را معرفی و عرضه می‌کنید؟ راهبرد فروش چیست؟ برنامه‌های بعدیتان چیست؟ کارهای ترویجی؟

مطمئن شوید که علاوه بر استراتژی مادر، استراتژیهای خُرد هم دارید.

۸- احتمال وقوع شکست یا پیروزی را برآورد کنید.

انعطاف‌پذیری، کلید کار است. قبل از پیاده‌سازی برنامه/ رویداد/ تجربه بدانید که در صورت شکست بخش یا تمامی برنامه، شما قرار است چه بکنید؟ از طرف دیگر، در صورتی که کاری با موفقیت تمام به سرانجام برسد چه خواهید کرد؟ گاهی ناتوانی در حمایت و حفظ موفقیت می‌تواند آسیب‌زاتر از شکست بی‌درنگ باشد. مطمئن شوید که برنامه‌های فوری و واکنش سریع و نیز ایده‌ها و راهکارهای بلندمدت را در زرادخانه‌ی خود داشته باشید.

۹- سنجش و اندازه‌گیری را در خاطر داشته باشید.

برنامه/ تجربه/ رویداد خود را بسنجید و در صورت نیاز، اصلاح کنید. مفهوم

موفقیت، میزانی که شما موفق بوده‌اید و دلایل موفقیت یا شکست‌تان را درک کنید. تاکتیکهای با قابلیت اجرا در جاهای دیگر یا قابل بهبود و بهینه‌سازی را مدنظر داشته باشید. دلایل شکست چه بوده است؟ چطور می‌توان از بروز مجدد آن جلوگیری کرد؟ برنامه‌ای برای بهبود مستمر داشته باشید تا به این ترتیب تلفات کمتری از هر نبرد روی دستتان بماند.

به بیان سان تزو خالق "هنر جنگ"، استراتژیستهای پیروز تنها پس از پیروز شدن در پی مبارزه می‌روند، حال آنکه کسی که محکوم به شکست است اول مبارزه می‌کند و سپس به دنبال پیروزی می‌رود. با طرح یک استراتژی و برآورد دستاوردهای آن قبل از پیاده‌سازی برنامه خود، می‌توانید احتمال شکست را کاهش و موفقیت را نصیب خود کنید.

گفتار دهم
بازاریابی و اقتصاد اقناع

دنل پینک، نویسنده‌ی مشهور، در کتاب تازه‌ی خود با عنوان "فروختن کار انسانها است" (To Sell's Human) به این مطلب اشاره می‌کند که همه‌ی مردم حتی آنهایی که به ظاهر شغلشان هیچ ارتباطی با خرید و فروش ندارد، فروشنده هستند و لذا باید به مهارتهای فروشندگی مجهز باشند.

استدلال این سخنور و نویسنده‌ی بازاریابی این است که در دنیای نوآوری‌محور و دنیای ارتباطات پیوسته‌ی کنونی، همگی ما انسانها در شرایط و جایگاه فروشندگی قرار داریم.

طبق گفته‌ی وی، توانایی فرد در تأثیرگذاری بر دیگران و هدایت و سمت و سو دادن آنها به طرف نتیجه‌ای خاص به طور روزافزونی اهمیت می‌یابد. بدین‌رو، امروزه ما در فضای اقتصاد اقناع (persuasion economy) به سر می‌بریم، دلایلی چند هم برای این امر متصور است، از جمله:

انتخاب، انتخاب، انتخاب و باز هم گسترش حق انتخابها
جهانی‌سازی، اینترنت، و روند مبتنی بر تمرکززدایی در مدلهای نوین

کسب‌وکاری، به این معنا است که امروزه مصرف‌کنندگان با طیف انبوهی از انتخابها و گزینه‌ها روبه‌رو هستند و شاید یک خریدار با چند کلیک به هزاران گزینه‌ی انتخابی دسترسی داشته باشد. بنابراین، دیگر اتخاذ یک فلسفه و رویکرد واحد به بازاریابی پاسخگو نیست و اقتصاد اقناع لزوم مطرح شدن رویکردهای چندگانه و مبتنی بر اقناع مصرف‌کنندگان را موجب می‌شود.

اقتصاد اقناع در مباحث کلان اقتصادی نیز مطرح است؛ مثلاً پاتریس دیویس، در کتاب هنر اقناع اقتصادی (The art of persuasion economic) به این مطلب می پردازد که دولتها همواره از ابزار تهدید و نظیر آن مثل تحریمهای اقتصادی برای تغییر رفتار دیگر دولتها و حاکمیتها بهره می‌برند، حال آنکه روشی سازنده‌تر نیز وجود دارد، و آن بسط و گسترش همکاریها و سرمایه‌گذاریها است که این ابزار در بطن اقتصاد اقناع جای دارند و از تأثیرگذاری به نسبت بالاتری برخوردار هستند.

دیویس نمونه‌ی موردی و مدل آلمان - لهستان را مثال می‌زند که پس از سالها نزاع، با برقراری روابط تنگاتنگ میان کسب‌وکارهای خود و جاری ساختن جوهره‌ی اقتصاد اقناع در مناسباتشان، توانستند بر اختلافات سیاسی نیز فائق آیند. نمونه‌هایی از این دست از کارکردهای اقتصاد اقناع را می‌توان در بسیاری از حوزه‌های کسب‌وکار مشاهده کرد.

ریشه‌های اقتصاد اقناع را می‌بایست در مناسبات یونان کلاسیک جستجو کرد؛ چرا که مردمان یونان در بسیاری از شرایط از جمله موضوعات حقوقی و سیاسی ناگزیر به تسلط به هنر اقناع و استدلال بودند، در غیر این صورت آسیبهای مالی و شهروندی بسیاری متوجه آنها بود.

به هر صورت بهره‌مندی از قدرت اقناع می‌تواند به ما در همرأی ساختن دیگران و هدایت آنها به سمت راهکار مطلوب و مورد نظرمان کمک شایان توجهی کند.

مسطح‌سازی ساختارهای سلسله‌مراتبی و نردبانی

کتاب هزارتوهای اخلاقی (Moral Mazes) به قلم رابرت جکال، به گواه مؤسسه‌ی ناشران امریکا، برترین کتاب کسب‌وکار مدیریت سال ۱۹۸۸ است. جکال یک جامعه‌شناس سنت شکن بود که در این اثر به واکاوی زندگی مدیران امریکایی می‌پردازد.

او در مقدمه‌ی کتاب خود می‌نویسد: "به سازمانها می‌رفتم تا به مطالعه‌ی بروکراسی - ساختار غالب سازمانی دهه‌ی ۸۰ میلادی - بپردازم و ببینم که دیوانسالاری چگونه آگاهی و وجدان اخلاقی افراد را شکل می‌دهد." در واقع این کتاب در مورد نحوه‌ی تفکر مدیران و جهان‌بینی آنها نسبت به امور مختلف است. از آنجا که این کتاب در سال ۱۹۸۸ به رشته‌ی تألیف درآمده است، دریچه‌ای رو به شناخت سازمانهای سلسله مراتبی به شمار می‌رود.

با این حال امروزه ساختارهای سازمانی با روشن شدن ناکارآمدی نظام دیوانسالاری کم‌کم به شکل افقی درآمده و مسطح می‌شوند، و لذا کنترل تا حدودی جای خود را به انتخاب داده است.

بنابراین کمرنگ شدن ساختارهای کنترلی در سازمانها بیش از پیش ضرورت پیاده‌سازی تاکتیکهای مهندسی اقناع در مدیریت منابع انسانی را مطرح می‌سازد.

اشتغال و ترافیک ذهنی

هر چند این جمله که ما در دریای ارتباطات به سر می‌بریم به یک کلیشه تبدیل شده است، با این حال هرگز نمی‌توان این واقعیت را انکار کرد. لذا اقتصاد اقناع در چنین شرایطی به منزله‌ی افق روشنی است که دل هیاهوها را می‌شکافد و صدایی رسا تولید می‌کند که برای افراد گوشنواز است. مهندسی اقناع و سازوکارهای آن امروزه تنها مسیر برای دستیابی به

مصرف‌کنندگانی است که در سیل جریان ارتباطات و اطلاعات قرار دارند. در این میان بازاریابی باید ایفاگر نقشی به مراتب سخت‌تر در اقتصاد اقناع باشد؛ چرا که باید ابتدا مصرف‌کنندگان و مشتریان را قانع کند تا دست به انتخابی خاص بزنند؛ و در درجه‌ی بعدی، باید شرکتها را قانع کند که بازاریابی سهمی قابل توجه و ارزشمند در افزایش سودآوری آنها دارد.

بنابراین لزوم تجهیز شدن به ملزومات و مهارتهای مهندسی اقناع، امری انکارناپذیر در شرایط حال حاضر است.

گفتار یازدهم
نسل هزاره
و بازاریابی برای نسلها

نسل وای (Y) و یا نسل هزاره، نسلی است که در دوره‌ی انقلاب فناوری یعنی پس از دهه‌ی ۱۹۹۰ میلادی به دنیا آمده‌اند. در این دهه، اینترنت به اوج شکوفایی دست یافت و تمام مناسبات جهانی را دستخوش تغییر کرد. لذا فناوری در تاروپود زندگی این نسل عجین شده است. آنها برخلاف نسل قبلی خود (نسل X)، مقیم فناوری نیستند بلکه، با آن به دنیا آمده و با آن از دنیا می‌روند. نسل وای (Y) افرادی خوشبین هستند، آنها به دلیل رشد در محیط پرسرعت فناوری گاه کم حوصله می‌شوند و حتی از نظر ظاهری نیز شکل و شمایی متفاوت به نسبت نسلهای پیشین خود دارند.

به نظر بسیاری از محققان به هنگام بازاریابی برای نسلهای کنونی (نسل X، Y، و C) استفاده از رویکرد بازاریابی حسی که هر پنج حس اعم از لامسه، چشایی، بویایی، بینایی و شنیداری را تحت تأثیر قرار دهد، از اهمیت وافری برخوردار است. جدیدترین پی‌آمد بازاریابی حسی دانش نورومارکتینگ است که به مطالعه‌ی موتور حسی (sensorimotor)، شناختی، و واکنش احساسی مصرف‌کنندگان در مواجهه با محرک بازاریابی

می‌پردازد، و در عمل با بهره‌گیری از ابزاری چند وارد درونیات و ذهن مصرف کننده می‌شود.

نسل "وای" را می‌توان مخلوقاتی احساسی و اجتماعی به شمار آورد. آنها بسیار مستعد پذیرش محرک احساسی هستند و اهمیت بسیاری را برای روابط و تعاملات اجتماعی قائلند.

از سویی، در یک نظر کلی می‌توان استراتژی بازاریابی نوین را بر دو اساس قرار داد:

- **رویکرد حسی**: رویکردی در بازاریابی که تمام حواس پنجگانه را درگیر می‌کند.
- **رویکرد اجتماعی**: رویکردی در بازاریابی که نیازهای اجتماعی افراد را در نظر می‌گیرد.

این دو رویکرد لازم و ملزوم یکدیگرند و تلفیقی از آنها به توفیق در برنامه‌های بازاریابی خواهد انجامید. با توجه به تقسیم‌بندی صورت گرفته و ایجاد تمایز میان نسلها آنچه که در پی می‌آید به معرفی بهترین راهبردهای ترویجی و بازاریابی مناسب برای نسل هزاره می‌پردازد.

رویکرد بازاریابی برای نسل وای (Y) یا نسل هزاره

مصرف کنندگان نسل "وای" از نظر جمعیت شناسی از تنوع بالایی برخوردارند. آنها مدگرا هستند و دنباله‌روی آخرین روندها چه در فناوری، غذا، لباس، موسیقی، و یا هر چیز دیگری هستند. نسل هزاره همچنین میل وافری برای به اشتراک گذاردن تجارب خود با هم‌قطارانشان دارند، و ازاین کار حسابی احساس مباهات و تشخص می‌کنند.

دوستان و حلقه‌ی رفقا از اهمیت وافری نزد این نسل برخوردار است و بخشی از دی‌ان‌ای (DNA) اجتماعی آنها به شمار می‌رود. آنها اهمیتی برای تبلیغات سنتی قائل نیستند و عموماً آن را نادیده می‌گیرند، و از

همین رو اتکای زیادی به تبلیغات دهان به دهان دارند. نسل "وای" کمتر به برند وفادار می‌مانند و همواره در پی دریافت ارزش هستند. بدین‌رو، در یک جمله، آنها نسلی اجتماعی و احساسی هستند.

بنابراین ویژگیهای یاد شده از این نسل، مستلزم اتخاذ یک رویکرد بازاریابی است که هم حسی و هم اجتماعی باشد.

رویکرد حسی

رویکرد حسی تمام حواس پنجگانه را درگیر می‌کند: دیداری، شنیداری، بویایی، چشایی، لامسه.

بازاریابان برای شناخت و نفوذ به این نسل باید به اهمیت حواس پنجگانه واقف باشند و آن را در محصول و یا برند خود لحاظ کنند. تکنیکهای بازاریابی حسی، از هیجان و اهمیت بسیاری نزد این نسل برخوردار است.

رویکرد اجتماعی

رویکرد بازاریابی اجتماعی شامل ارضای نیازهای نسل هزاره به تعاملات اجتماعی و احساسی تعلق به گروه یا جامعه است. متولدان نسل هزاره، اجتماعی هستند و بنابراین بازاریابان باید عناصر اجتماعی را در طراحی کسب‌وکار خود، خواه وب‌سایت باشد و یا یک فروشگاه خرده‌فروشی لحاظ کنند. اینترنت، سیستم بسیار خوبی برای تعامل حسی و اجتماعی با مصرف‌کنندگان است؛ چرا که این نسل بسیاری از نیازهای خود را از بستر اینترنت تأمین می‌کنند.

باید توجه داشت که امروزه، کسب‌وکارها و فروشگاه‌ها دیگر صرفاً مکانی برای خرید مایحتاج، خورد و خوراک و گشت‌وگذار نیستند بلکه، فضایی برای تجدید دیدار با دوستان، اشتراک تجارب اجتماعی، یادگیری، اینترنت‌گردی و گپ و گفت‌وگو هستند. از این رو امروزه شاهد به وجود

آمدن مدلهای کسب‌وکار خرده‌فروشی نوین مثل پارکهای موضوعی خرید هستیم. به همین دلیل است که رسانه‌های اجتماعی از اقبال فراوانی در میان این نسل برخوردارند، بنابراین برندها از اهمیت شبکه‌های اجتماعی در دستیابی به این نسل غافل نیستند.

استارباکس، برادرز، اپل، و... از جمله خرده‌فروشانی هستند که با زیبایی هر چه تمام و بهره‌گیری از طراحی داخلی مناسب، استفاده از نمایشگرها و دیگر ادوات الکترونیک، موسیقی، و امکان خوردن خوراکی و نوشیدن آشامیدنی را برای مشتریان خود فراهم می‌کنند و یک محیط اجتماعی و تبادل تجارب را برای زادگان این نسل فراهم می‌کنند.

دستیابی مؤثر به نسل هزاره
اثربخش‌ترین کانالهای بازاریابی:

- **تبلیغات اینترنتی**

نسل "وای" زمان بیشتری را صرف اینترنت می‌کند و کمتر تلویزیون می‌بیند و کم پیش می‌آید که روزنامه و نشریه بخواند. آنها بسیاری از برنامه‌های تلویزیونی و رادیویی مورد علاقه‌ی خود را نیز از طریق آنلاین دنبال می‌کنند.

- **مسابقات و چالشها**

نسل "وای" عاشق شرکت در چالشها و برنده شدن هستند. این مسابقات روشی بسیار هیجان‌انگیز برای افزایش ترافیک فروشگاهها و افزایش آگاهی از برند برای زادگان نسل هزاره هستند.

- **کوپنهای تخفیف و شیوه‌های نوین تخفیف**

هیچ چیز مثل یک تخفیف برای این گروه اغواکننده نیست. امروزه

سایتهای بسیاری به شیوه‌ای به ارائه‌ی تخفیف انواع محصولات می‌پردازند و هر روز محصولی را شامل تخفیف می‌کنند.

سایتهای تخفیف گروهی، یک مدل جدید کسب‌وکاری هستند، که مستقیماً این نسل را هدف قرار داده‌اند.

• بازاریابی ویروسی

این نسل آنلاین اتکای فراوانی به تبلیغات دهان به دهان بویژه از نوع آنلاین آن (ewom) دارد. داشتن وب‌سایتهای کاربر پسند، به‌روز، و پرمحتوا از ضروریات شرکتهای امروزی برای جلب نظر زادگان این نسل است. شرکتها برای دسترسی بهینه به این نسل باید در وبسایتهای رسانه‌های اجتماعی نیز حضوری فعال داشته باشند.

• بازاریابی میدانی و بازاریابی حسی

این نسل علاقه‌ی وصف‌ناپذیری به تجربه‌ی رودرروی محصولات و لمس آنها دارد.

استندهای سمپلینگ و نمایشهای مهیج خیابانی، فروشگاههای موسوم به پاپ‌آپ، کارناوالها، و... همه و همه تأثیر شگرفی بر این گروه و رفتار خریدشان دارد.

• رادیو اینترنتی

از این ابزار و بویژه پادکست‌ها می‌توانید به نتایج قابل قبولی برسید؛ چرا که این نسل بشدت اشتیاق یادگیری سریع را دارا هستند.

• تبلیغات همراه

نسل "وای" شاید بزرگترین کاربران گوشیهای هوشمند و ابزارهای

چندرسانه‌ای هستند. آنها پیام متنی را به ایمیل ترجیح می‌دهند و این کانال روش بسیار خوبی برای تعامل با آنها است. حتی می‌توانید اقدام به تولید محتوا اعم از فیلم، پادکست، بازی، و نرم‌افزارهای کاربردی برای گوشیهای این نسل کنید.

کم‌اثرترین کانالهای بازاریابی برای دستیابی به نسل هزاره: تلویزیون، نامه‌ی مستقیم، نشریات و روزنامه‌ها

نمی‌توان با کانالهای سنتی بازاریابی به نسل "وای" دست یافت. البته این نسلها به برخی گونه‌های خاص از نمایشهای تلویزیونی مثل نمایشهای حقیقی (Reality shows)، پویانمایی و نماآهنگ علاقه نشان می‌دهند و این فرصتی خوب در دست اهالی تبلیغات و بازاریابی است.

گفتار دوازدهم
چگونه محصول جدید خود را وارد بازار کنیم؟

ورود موفق یک محصول جدید به بازار و وارد کردن آن به چرخه‌ی فروش سازمان، مستلزم رعایت و توجه به برخی پیش‌نیازها است. اجرای صحیح فرایند معرفی محصولات یا خدمات جدید به بازار، نقشی حیاتی در موفقیت سازمان و توسعه‌ی قلمروی بازار آن خواهد داشت.

ورود محصولات جدید به بازار همواره در صدر اخبار رسانه‌های تبلیغاتی بوده، چرا که مصرف‌کنندگان مدرن عطش فراوانی به تجربه‌ی محصولات تازه دارند. گاه ورود محصولات جدید به قدری پرهیاهو صورت می‌پذیرد که برای مدتی هر چند کوتاه ذهن بسیاری از انسان‌ها را به خود مشغول می‌سازد.

برای مثال معرفی گوشی جدید سامسونگ که همین اواخر به بازار آمد و یا حتی ورود و عرضه‌ی سری آخر از مجموعه کتاب‌های هری پاتر که خیل علاقه‌مندان آن را در اقصی نقاط دنیا ساعت‌ها به صف کرده بود، ورود بستنی فالوده‌ای میهن به بازار که در زمان بسیار کوتاهی معروف شد، از جمله ورودهای پر سر و صدا به بازار بودند.

وارد کردن محصولات تازه به بازار نیازمند انجام اقداماتی چند از جمله در زمینه‌ی بازارسنجی، تحقیقات، و برنامه‌ریزی راهبردی است. اما مهمتر از هر چیز، چاشنی کردن خلاقیت و نوآوری، چه در طراحی محصولات و چه در معرفی آن به بازار است. میدان رقابت همواره سنگین و بی‌رحم است و کسانی پیروز این میدان خواهند بود که متفاوت باشند و تاکتیکی متمایز به کار برند.

در این میان کسب‌وکارهای کوچک با مسائل و موانع دشوارتری روبه‌رو خواهند شد و باید هر طور که شده از فرصتهای موجود بهره برده و با حرفی متفاوت وارد بازار شوند.

فرایند ورود محصول جدید به بازار همزمان با مراحل نهایی تکمیل محصول صورت می‌پذیرد و در صورت اطمینان نسبت به کارآیی و کیفیت محصول خود، باید در مرحله‌ی بعد برای ورود و معرفی آن به بازار اقدام کنیم. قبل از ورود کامل به بازار، ابتدا بازخوردهای مصرف‌کنندگان هدف از نمونه‌های محصولات‌تان را دریافت کنید و درصدد رفع مشکلات و نواقص احتمالی و بهسازی محصول یا خدمت خود برآیید و هرگز کیفیت را فدای سرعت نکنید.

معرفی محصولات تازه به بازار علاوه بر جذب مخاطبان، موجب آگاه شدن جامعه نسبت به محصول یا خدمات ما می‌گردد. فرایند ورود به بازار می‌بایست جنبه‌ای آگاهی بخش و کمی هیجان‌انگیز داشته باشد تا روح و روان مخاطب را به خود درگیر سازد.

توصیه‌هایی برای موفقیت محصول جدید:
۱- مشاوره بگیریم
زندگی بشر از ابتدای آفرینش مبتنی بر نهاد جمعی بوده و به عبارت دیگر انسان موجودی اجتماعی خلق شده است. از این رو خواسته‌ها و نیازهای

او جز با همفکری و همکاری با سایرین تأمین نمی‌شود. نوآوریها، خلاقیتها، ابتکارات و پیشرفتها در عرصه‌ی کسب‌وکار حاصل تبادل افکار و بهره‌گیری از خرد جمعی است.

بنابراین تصمیم‌سازی و تصمیم‌گیری در کسب‌وکار بدون همفکری صاحبنظران و صاحبان اندیشه ممکن نیست. به طور کلی عقل بشر حکم می‌کند که از مشورت دیگران بویژه در کسب‌وکار بهره گیرد. در فضای رقابتی بهره‌گیری از نظرات مشاوران اصلح بازاریابی، فنی، مالی و حقوقی در ارائه‌ی محصول جدید به بازار مورد تأکید است.

برای مثال بهره‌گیری از یک مشاور بازاریابی به ما کمک می‌کند تا مخاطب هدف را دقیقاً شناسایی، بهترین شکل رسانه برای تبلیغات را شناخته و در زمینه‌ی تبلیغات و ترویج محصولات با دقت بیشتری عمل کنیم و از ریسک کار بکاهیم.

۲- مخاطب هدف خود را شناسایی کنیم

پرواضح است که نمی‌توان پاسخگوی تمامی سلیقه‌ها و نیازهای مختلف بازار بود؛ بدین‌رو، لازم است که در ابتدا مخاطب هدف خود را شناسایی کنیم. مخاطبی که هم ما بیشترین سود را از او ببریم و هم او بیشترین منفعت و ارزش را از ما کسب کند.

دسته‌بندی و بخش‌بندی مخاطبان هدف به طرق مختلف و از حیث عوامل گوناگون نظیر عوامل جمعیت‌شناسی (مثل سن و جنس و درآمد)، عوامل روانشناختی، عوامل رفتاری، و... انجام می‌پذیرد. که البته قبل از آن بررسی بازار به عنوان گام نخستین تمام فعالیتها توصیه می‌شود.

۳- رقبای خود را بشناسیم

سیستمهای هوشمند رقابتی به مثابه رادار سازمان بوده و فعالیتهای رقبا را

پیش چشم ما روشن می‌کنند. از قبل در مورد محصولات مشابه موجود رقبا تحقیق کنید و سعی کنید که به شیوه‌ای نوآورتر محصول خود را به بازار معرفی کنید و محصولی بهتر از رقیب تولید کنید. در این فرایند می‌توانید از کمک تحقیقات بازار استفاده کنید. مشتری‌شناسی، رقیب‌شناسی و فرصت‌یابی سه اصل موفقیت در کسب و کار خصوصاً در ارائه‌ی محصول جدید هستند.

۴- فهرستی از ویژگیهای محصول خود تهیه کنیم

یک فروشنده‌ی خوب کسی است که در درجه‌ی اول محصول خود را بخوبی بشناسد و از تمام جزئیات آن مطلع باشد؛ چرا که این شناخت در مذاکرات مربوطه به فروش نیز به مدد ما می‌آیند و معرفی محصول را برایمان آسانتر می‌کند.

ویژگیهای متمایز محصول خود را به گوش مخاطبان برسانید تا به تصمیم‌گیری آنها کمک کرده باشید. اما یادتان باشد این ویژگیها باید به تمایزات شما و نهایتاً به فایده‌ی دریافتی مشتری بینجامد. پس تعریف درستی از محصول (شناسایی دقیق بازار مورد هدف، ویژگیهای محصول و مزایای حاصل از اقدام) داشته باشیم.

۵- برتری منحصربه‌فرد داشته باشیم

برتری منحصربه‌فرد (کیفیت، مورد کاربرد، ویژگیهای تازه، و...) لازمه‌ی موفقیت محصول جدید است و این برتری را در یک شعار تبلیغاتی درست و مبتنی بر واقعیت که از اجزای کلیدی هویت برند است نشان دهید. برتری منحصربه‌فرد برای برند تولید ارزش می‌کند و شعار می‌تواند میزان برند آگاهی و تصویر برند در ذهن مشتری را ارتقا دهد.

شعار تبلیغاتی می‌بایست به شکل دقیق دربردارنده‌ی مضمون

استراتژیهای سازمان و چشم‌انداز آن باشد و برتری منحصربه‌فرد را نشان دهد.

۶- یک بسته‌بندی جذاب طراحی کنیم
اگر کالای جدیدی را به بازار می‌خواهیم عرضه کنیم لازم است بسته‌بندی شایسته‌ای داشته باشد.

بسته‌بندی نماینده و به نوعی پیامی از جانب پدیدآورندگان کالا است و ابزاری به‌منظور ارتباط با مصرف‌کنندگان به شمار می‌رود. بسته‌بندی شخصیت و هویت کالا و پدیدآورندگان آن را به نمایش می‌گذارد؛ ضمن آنکه علم، هنر، و تکنولوژی محافظت از محصولات در برابر عوامل مختلف است.

بسته‌بندی هوشمندانه‌ی کالا، نخستین چیزی است که می‌تواند نظر مصرف‌کننده را به خود جلب کند. با دقت بالا و به شکلی هوشمندانه رنگها، طرحها، شکلها و نمادها و پیامها را در بسته‌بندی خود و در جهت جلب نظر مشتریان بگنجانید و با شناخت بازار هدف و نظر مشاوران حرفه‌ای بسته‌بندی باب بازار ارائه کنید.

نتایج تحقیقات حاکی از آن است که بیش از ۷۰ درصد از تصمیمات منجر به خرید در محل فروش گرفته می‌شود و لذا بسته‌بندی و پوشش ظاهری عاملی مهم در جلب نظر اولیه‌ی مشتری و درگیرسازی ناخودآگاه او به شمار می‌رود. قبلاً می‌گفتند بسته‌بندی بازرگانی پنج ثانیه‌ای است ولی در حال حاضر این زمان به ۳ ثانیه رسیده است.

۷- از ابزارهای ششگانه‌ی ترویج، بجا و به‌صورت یکپارچه استفاده کنیم
این ابزارها عبارتند از تبلیغات، روابط عمومی، بازاریابی مستقیم، بازاریابی حسی، چاشنیهای فروش و فروش حضوری.

ترویج به شیوه‌های مختلف و از طریق رسانه‌ها و ابزارهای گوناگون بسته به نوع محصول و مخاطبان هدف قابل پیاده‌سازی است. ترویج و ارتباطات باید به گونه‌ای هوشمندانه و مبتنی بر علائق بازار هدف ساخته شود.

برای مثال، اگر بازار هدفتان به ورزش علاقه‌مندند، تبلیغات خود را در جایی به نمایش بگذارید که آنها به علاقه‌ی خود می‌پردازند.

ارتباطات و ترویج باید دارای هدف باشد و این هدف می‌بایست به وسیله‌ی شرکت شما تبلور یابد. مثلاً اگر هدفتان آگاهی بخشی است می‌بایست پیامهای آگاهی بخش خود را به‌صورت متناوب به گوش مخاطب برسانید. فراموش نکنیم که اهداف چندگانه در ارائه‌ی یک آگهی تنها موجب سردرگمی مخاطبان می‌شود. در شناساندن محصول جدید اصل موازنه را جدی بگیرید؛ یعنی قبول کنید که برای به دست آوردن یک سری فواید باید از یک سری چیزها بگذرید.

وجوه تمایز خود را از رقبا پررنگ کنید و روی آنها مانور بدهید. به افراد فایده بفروشید، به این معنا که مخاطب باید بداند که محصول شما چه فایده‌ای دارد و چه دردی از او دوا می‌کند. در تبلیغات از پیچیده‌گویی و پیچیده رفتاری پرهیز کنید و سادگی را چاشنی کار خود کنید.

۸- سیاست توزیع درستی را به کار گیریم

به هیچ وجه نمی‌توان یک سیاست توزیع شایسته را برای تمام شرکتها و تمام محصولات توصیه کرد. با بهره‌گیری از مشاوره‌ی صحیح و شناخت محصول و بازار هدف کانال یا کانالهای توزیع مناسبی را انتخاب کنید. توزیع، رساندن محصول مناسب در زمان مناسب و مکان مناسب و هزینه‌ی مناسب به مخاطب هدف است و این در بازاریابی محصول جدید از اهمیت بیشتری برخوردار است.

۹- سیاست قیمت‌گذاری شایسته‌ای داشته باشیم

قیمت انعطاف‌پذیرترین عامل از بین تمام عوامل آمیزه‌ی بازاریابی است و در شرایط کسب‌وکارهای ایران با تلاطم بسیار زیاد و پیچیدگی فراوان، نقش قیمت‌گذاری مناسب حائز اهمیت است. قیمت‌گذاری نامناسب و بدون اطلاعات می‌تواند زمینه‌ساز شکست محصول جدید باشد و شما را در دام قیمت‌های بسیار پایین یا بسیار بالا بیندازد، یادمان باشد در نهایت این ارزش به معنای مقایسه بین فایده‌ها و هزینه‌ها است که ملاک انتخاب مشتری است نه فقط قیمت.

۱۰- جامعیت‌نگری را در تمام رفتارهای سازمان جدی بگیریم

همان‌طور که بارها نوشته‌ام به نظر من بزرگ‌ترین دستاورد تمام علوم، نگرش سیستمی و جامعیت‌نگری است. قطعاً پرداختن به هر یک از عوامل بدون نگرش سیستمی ما را به سر منزل مقصود نمی‌رساند و تمام زحمات شکل‌گیری محصول جدید شامل خلق فکر سازنده - بررسی پیشنهادها - ارائه‌ی طرح و آزمودن آن - تدوین استراتژی‌های بازاریابی - تجزیه‌وتحلیل تجاری - تولید محصول و آزمودن بازار را برای عرضه‌ی محصول جدید بی‌ثمر می‌سازد.

به‌کارگیری اصول پیاده‌سازی برنامه‌های بازاریابی و کنترل برای اصلاحات در حوزه‌های مختلف، با جامعیت‌نگری امکان‌پذیر است. امیدوارم همه‌ی ما عالم عامل عاشق باشیم.

گفتار سیزدهم
همیشه اولین‌ها
به یاد می‌مانند

نیل آرمسترانگ یکی از اولین‌ها بود
نخستین کسی که به ماه رفت، چه کسی بود؟ اولین اسمی که بعد از خواندن این سؤال به ذهن خطور می‌کند نام نیل آرمسترانگ است. اما چرا این شخص چنین نام پرآوازه‌ای دارد؟

او یک مرد مستقل بود. هرگز سعی نکرد که خود را مشهور سازد. هیچ‌گاه برای خود تبلیغ نکرد؛ نه ظاهر عجیبی داشت و نه کار غیرمتعارفی انجام می‌داد که نامش را سر زبان‌ها بیندازد. نه محصولی تولید می‌کرد و نه از نامش برای فروش محصولی استفاده می‌کرد. اما چرا تا این حد مشهور شد؟ چون به ماه رفته بود؟ پس چرا "باز آلدرین" مشهور نشد؟ آلدرین هم از سرنشینان آپولو ۱۱ بود و او هم همراه آرمسترانگ به ماه قدم گذاشت اما این نیل آرمسترانگ بود که در اذهان ماندگار شد.

فرمانده‌ی آپولو ۱۱، روز شنبه ۲۵ آگوست ۲۰۱۲ در ۸۲ سالگی آسمانی شد. عده‌ای او را گوشه‌گیر می‌دانستند، اما این برداشت منصفانه‌ای نیست. رابرت پیرلمن، کارشناس تاریخ فضایی به یک سایت فضایی (space.com)

گفت: "کاری که او نکرد رفتن به هالیوود بود. او خود را انگشت‌نما نکرد؛ او بر روی فرش قرمز پا نگذاشت."

علت شهرت و قدرت برند شخصیت آرمسترانگ در این نهفته است که او در انجام یک کار بسیار بزرگ، اولین بوده است. ایرا کالب، استاد بازاریابی دانشگاه USC در جایی نوشته است که خیلی از کلاسهای درس خود را با این پرسش شروع می‌کند، اولین کسی که به ماه رفت چه کسی بود؟ و همیشه پاسخی محکم دریافت می‌کند. سپس می‌پرسد دومین نفر چه کسی بود؟ شاید یک یا دو نفر با تردید بگویند باز آلدرین و زمانی که از سومین نفر می‌پرسد، هیچ‌کس پاسخ نمی‌دهد.

آرمسترانگ اولین بود و به این زودیها از یادها نخواهد رفت. مثل خیلی از اولین‌های دیگر که در یادها مانده‌اند. کریستوف کلمب، برادران رایت، و...؛ کیست که نامداران را نشناسد؟

آل ریس، استاد بازاریابی معتقد است که بازار نیز چنین شرایطی دارد. او باور دارد که اگر کسی می‌خواهد در یک صنعت رهبر باشد، ثروتمند، مشهور، و موفق باشد، خوب است که اولین باشد و در درجه‌ی بعدی بهترین باشد.

کالب به کسب‌وکارها توصیه می‌کند که از آرمسترانگ این درس را بگیرند که اگر در کاری اولین هستند، ارتباط اثربخشی با مصرف‌کنندگان برقرار کنند و نام خود را با روشها و کارهایی غیرمتعارف آلوده نسازند.

شاید حالا معنای این جمله‌ی ماندگار آرمسترانگ را در آن لحظه‌ی به‌یادماندنی بهتر درک کنیم: "این گامی کوچک برای یک انسان است و جهشی بزرگ برای بشریت." فراموش نکنید که همیشه اولین قدمها به خاطر می‌مانند.

گفتار چهاردهم
بازاریابی
رو به درون

اگر شما یک کارشناس بازاریابی هستید و چند سالی است که در این حوزه مطالعه دارید، احتمالاً با عبارت "بازاریابی رو به درون" (Inbound Marketing) روبه‌رو شده‌اید.

خوب است بدانید که بازاریابی در آینده‌ی نزدیک وارد این فاز جدید خواهد شد.

مخاطب بازاریابی رو به درون مشتریان بالقوه آماده به خرید ارزیابی شده است و به دنبال اهداف خام و بلاتکلیف نمی‌گردد.

بازاریابی رو به درون
در بازاریابی سنتی رو به بیرون (Outbound Marketing) تمرکز عمدتاً بر روشهایی رو به بیرون است، مثل تماس با مشتریان احتمالی، انتشار آگهی، شرکت در برنامه‌های تجاری و از این دست ابزارها، که ایده‌ی پشت این تکنیکها حاضر شدن در برابر مشتریان احتمالی خام و آماده‌سازی آنها برای امتحان محصول یا خدمت و نهایتاً خرید است. مشتریان بالقوه‌ای که هنوز

تمایلی نسبت به محصول ما نشان نداده‌اند.

دلایل ناکارآمدی بازاریابی رو به بیرون

بازی با اعداد از اصول این رویکرد پرزحمت است. شما باید تا حد امکان تعداد بیشتری از افراد را مخاطب قرار بدهید تا اینکه بالاخره یک نفر از آنها تمایل خود را به محصول نشان دهد و اقدام به خرید کند. این رویکرد عموماً گران است و از بهروری کمی برخوردار است؛ چرا که هدف شما تعداد بسیار زیادی از افراد هستند که شاید بیشتر آنها هیچ علاقه‌ای به کسب‌وکار شما نداشته باشند.

دلایل اقبال به بازاریابی رو به درون

اما امروزه با توجه به تمرکزی که بر پایداری منابع و صرفه‌جویی در زمان و سرمایه وجود دارد، بازاریابان به دنبال راه‌هایی هستند که دستیابی آنها را به مشتریان بالقوه و مستعد خرید، ارزان‌تر و آسان‌تر سازد. از این رو گمان می‌رود که بازاریابی رو به درون به مرور جای خود را در بین بازاریابان باز کند. اساس این رویکرد، جلب نظر مشتریان بالقوه است؛ یعنی به جای اینکه به دنبال مشتری باشیم، در پی راحت‌تر دیده شدن و پیدا شدن باشیم تا مشتری به دنبال ما بیاید. از ابزارهای این روش وبلاگ‌نویسی، تعامل در شبکه‌های اجتماعی، بهینه‌سازی در نتایج موتور جستجو (SEO) و وبینارها یا سایر انواع بازاریابی محتوایی است. برای درک بهتر می‌توانید این تکنیک‌ها را با روش‌های سنتی مثل تماس با مشتری احتمالی، پست مستقیم یا ایمیل، تبلیغات تلویزیونی و توزیع آگهی مقایسه کنید.

در واقع به جای اینکه با تبلیغات پولی، آگهی‌ها و فروشندگان پورسانتی برای نفوذ در ذهن مشتریان، اقدام به راه‌سازی کنیم، بهتر است که با روش‌هایی مثل انتشار اطلاعات مفید در بلاگ به راحتی به ذهن آماده‌ی

آنان وارد شویم. مثلاً به جای اینکه با تبلیغات مزاحم مردم شویم، فیلمهایی تهیه می‌کنیم که مشتریان بالقوه خواهان مشاهده‌ی آنها هستند. در این روش، شما به جای اینکه پیامی را مکرر برای جمعیت کثیری ارسال کنید، عده‌ی معدودی از مشتریان بالقوه را جذب یک محتوا می‌کنید، درست شبیه به یک آهنربا و به همین دلیل است که مطمئن هستید از پیام شما استقبال خواهد شد و در نتیجه در زمان و هزینه‌ی شما صرفه‌جویی می‌شود.

تحقیقات در این زمینه نشان داده است که ۸۶ درصد بینندگان تلویزیون توجهی به تبلیغات ندارند و ۴۴ درصد از دریافت کنندگان ایمیل، حتی اقدام به باز کردن آن نیز نمی‌کنند. از سوی دیگر مشخص شده است که بازاریابی رو به درون به طور میانگین ۶۰ درصد از روش سنتی ارزانتر تمام می‌شود. اما انتقادی که به آن وارد می شود انرژی و زمان زیادی است که برای خلق محتوا نیاز است.

مهمترین عامل برای موفقیت در یک استراتژی بازاریابی رو به درون، ایجاد یک محتوای عالی برای ترغیب افراد به سمت فرایند فروش است. شاید بهترین راه برای رسیدن به این مقصود، داشتن یک سایت به روز است که به محض اینکه مخاطبان از آن بازدید کنند، آنان را به سمت خرید هدایت کنند.

۵ مرحله‌ی اساسی بازاریابی رو به درون

به‌طور کل بازاریابی رو به درون را می‌توان در سه فاز تشریح کرد: دیده شدن، تبدیل کردن و تحلیل کردن. مدل جدیدتری نیز وجود دارد که این مفهوم را به پنج مرحله تقسیم می‌کند:

۱- بالا بردن ترافیک

۲- تبدیل بازدیدکننده‌ها به مشتری بالقوه

۳- تبدیل مشتری بالقوه به خریدار
۴- هدایت مشتریان به سمت تکرار خرید
۵- تحلیل فرایند برای بهبود

فراموش نکنید که در این رویکرد، زمان و انرژی شما خرج نمی‌شود بلکه، سرمایه‌گذاری می‌شود.

گفتار پانزدهم
عصر
بازاریابی چابک

امروزه با ورود طیف گسترده‌ای از ابزارها و مجاری و کانالهای نوین و تازه به علم بازاریابی، نظیر مواردی از جمله شبکه‌های اجتماعی، ابزارهای بازاریابی محتوایی، تلفنهای هوشمند، و... می‌توان بازاریابی را زیر دو دسته درآورد:

۱- بازاریابی سنتی

۲- بازاریابی چابک (Agile Marketing)

مورد دوم، یعنی بازاریابی چابک، به نیازهای مشتری اولویت می‌بخشد و تمرکز آن بر واکنش سریع در قبال مشتریان و روندهای جاری و شرایط متغیر بازار است.

در اینجا به بررسی ۵ دلیل نیاز به اتخاذ راهبردهای بازاریابی چابک می‌پردازیم:

۱) قرار گرفتن مشتریان در کانون توجه

هر چند که داشتن ایده‌ای صریح و شفاف نسبت به چشم‌انداز و

محصولات از اهمیت بالایی برخوردار است، اما بازاریابی چابک، تیمهای بازاریابی را بر آن می‌دارد تا در ایجاد پروفایل مشتریان کوشش بیشتری به خرج دهند تا بتوان به گونه‌ای اثربخش به آنها دست یافت.

تروی لارسون (Troy Larson) از وبلاگ‌نویسان مطرح مقالات بازاریابی می‌گوید که بازاریابان چابک آموخته‌اند تا به گونه‌ای اثربخش روی مشتریان تمرکز کنند.

اما انتقاد مهمی که به آمیزه‌ی بازاریابی گرفته می‌شود این است که ۴پی تنها از دیدگاه فروشندگان فرآورده‌ها (بنگاههای اقتصادی) است و شاید دیدگاه خریداران در مورد آنچه به ایشان عرضه و پیشنهاد می‌شود، متفاوت از دیدگاه عرضه‌کنندگان باشد. بنابراین بهتر است که عنوانها را با رویکرد به خواست و نظر مشتریان تنظیم کنیم. که به آن ۴ سی (۴C) گفته می‌شود که عبارتند از:

- ارزش مشتری
- هزینه‌ی مشتری
- آسودگی
- ارتباط

۲) ساده‌سازی سلسله مراتب و پررنگ شدن نقش همکاری و تشریک مساعی

شرکتها نوعاً به چندین دپارتمان از هم جدا تقسیم‌بندی می‌شوند؛ با این حال بازاریابی چابک با پل زدن میان بخشهای مختلف سازمان، ضمن جاری ساختن روح بازاریابی در جوهره‌ی تمامی اجزای سازمان، ساختار را از حالت نردبانی به ساختار مسطح تبدیل می‌کند. به‌طور کلی سازوکار بازاریابی چابک، جریان اطلاعات را در سازمان، روان و چالاک و دسترسی به اطلاعات را تسهیل می‌کند. بدین‌رو هر چه سازمان از درون از انسجام

و به هم پیوستگی بیشتری برخوردار باشد، با چابکی بیشتری می‌تواند در مقابل مطالبات مصرف‌کنندگان و تغییرات پاسخگو باشد.

۳) مخاطب‌سازی (Lead Generation)

از آنجا که پیاده‌سازی سیستم بازاریابی چابک منجر به واکنشهای متناسب و مسئولانه در قبال روندها می‌شود، این سیستم در نهایت منجر به ایجاد جریانهای جدید مخاطبان برای شرکت می‌شود. از این رو زمانی که اصطلاحاً مخاطبان یا مصرف‌کنندگان شما آب می‌روند و از کم و کیف آنها کاسته می‌شود، سیستم بازاریابی چابک به‌سرعت نشانگان آن را دریافت و به ارائه‌ی راه‌حل می‌پردازد. این راه‌حلها طیف متنوعی از راهکارها از قبیل تولید محتوای غنی، بازاریابی رو به درون (inbound marketing)، و... را شامل می‌شود.

۴) ارزیابی داده‌ها برای چابک شدن فرایند بازاریابی

امروزه تیمهای بازاریابی قادرند تا با ابزارهای موجود برای تحلیل وب‌سایتها، وب‌سایت متریکها، و... به سنجش میزان تأثیرات اقدامات بازاریابی خود بپردازند.

برای مثال میزان اثربخشی یک آگهی یا بنر اینترنتی را می‌توان از طریق ردگیری میزان کلیکها سنجید و به نتایج خوبی دست یافت. این ابزارها همچنین روش مناسبی برای مقایسه خود با رقبا است.

۵) ریسک‌پذیری، یادگیری چگونه شکست خوردن

بازاریابان چابک می‌آموزند که آزمون کنند، انطباق بیابند، و از شکستهایشان بیاموزند. افراد زبده در مهندسی شکست از عمل بازنمی‌ایستند، آنها ممکن است اشتباه کنند اما هرگز دست از کار نمی‌کشند. ریسک پذیر شدن و

آموختن شکست، دو ارمغان انکارناپذیر چابکی در بازاریابی هستند.

گفتار شانزدهم

عادات نامناسب در بازاریابی و فروش

با این فرمول آشنا هستیم:

اندیشه ← کلمات و احساسات ← عمل ← عادت ← شخصیت ← سرنوشت

در این گفتار می‌خواهم در خصوص عادتها بنویسم، عادت از تکرار یک عمل ایجاد می‌شود.

عادتهای خوب و پسندیده سبب می‌شوند شخصیت و سرنوشت مطلوبی داشته باشیم نظیر عادت به راستگویی، عادت به مشتری‌نوازی، عادت به سحرخیزی، و اما عادتهای بد و نامناسب سبب می‌شوند شخصیت و سرنوشت مطلوبی نداشته باشیم. چه می‌شود که بعضی از بازاریابها و فروشندگان سرنوشت خوبی ندارند ریشه را باید در فرمول بالا جستجو کرد و اما چند باور و عادت نامناسب در حرفه‌ی بازاریابی و فروش:

۱- بی‌مقدمه سراغ بازار گرمی رفتن

بعضی از افراد معتقدند فروشنده نان زبان چرب خود را می‌خورد و اگر از همان ابتدا در خصوص محصول صحبت نکند بازی را باخته و فروش

را از دست داده است. در صورتی که بازار گرمی زمانی ارزشمند است که در کنار تعامل شایسته با مشتری و رعایت جوانب امانت و درست گفتاری و درست کرداری باشد.

۲- افتادن در دام غرور

به واقع بزرگترین عامل شکست برندهایی که روزی از اعتبار بالایی برخوردار بوده‌اند و حال خبری از آنها نیست همین دام غرور است.

بعضی از بازاریابان و فروشندگان چنان در دام موفقیتهای گذشته خودشان اسیر می‌شوند که یادشان می‌رود که مشتری ولی‌نعمت آنهاست و لذا به مشتری بی‌توجه می‌شوند و حتی زحمت سؤال پرسیدن را هم به خود نمی‌دهند و تصور می‌کنند سؤال پرسیدن زمان بر است و مشتری وقت آنها را می‌گیرد.

۳- یک طرفه به قاضی رفتن و نتیجه‌گیری سریع نامناسب

به این جملات دقت کنیم: "مشتری دفعه پیش جواب منفی داد، دیگر با او تماس نخواهم گرفت" یا مثلاً "آن‌طور که از شواهد پیدا است، مشتری توان پرداخت بهای محصول ما را ندارد پس بهتر است او را از فهرست خود خارج کنیم".

پیش‌فرضها عاملی مهلک در فروش هستند و ضروری است که از آنها اجتناب کنیم و مشت را نمونه‌ی خروار نگیریم.

۴- مثل نوار ضبط صوت با مشتری برخورد کردن

فروشندگان دارای این عادت نامناسب مدام کلماتی تکراری و خسته کننده را به زبان می‌آورند. جملاتی مثل: "تکنیک فروش من و نوع صحبت‌هایم در فروش، روی مشتری الف جواب داده است، پس لزومی ندارد برای

مشتری ب از راهبرد دیگری استفاده کنم". این جمله‌ای است که از بعضی از فروشندگان می‌شنویم، آنها زحمت تغییر را به خود نمی‌دهند و بنابراین لذت افزایش فروش را نیز نخواهند چشید.

۵- اغلب یاد ایام قدیم کردن و به‌روز نبودن

زمان بشدت در حال دگرگونی و تغییر است، آنچه مناسب دیروز بود لزوماً درخور امروز نیست. کاسبان امروز برای موفقیت در فردا، چاره‌ای جز در پیش گرفتن تفکر استراتژیک ندارند. این مهم لزوم روز آمد بودن را گوشزد می‌کند.

در تفکر استراتژیک به صورت پیوسته باید مشتریان، رقبا و فرصتها را مدنظر داشته باشیم و شرایط محیطی را در نظر بگیریم و بدانیم چه کاری را باید انجام دهیم و چه کاری را نباید انجام دهیم.

۶- به دنبال شفاف‌سازی موضوع نبودن

مشتریان اغلب نمی‌توانند که افکار و تقاضاهای پنهان خود را به صراحت با ما در میان بگذارند، از این رو فروشندگان موفق می‌بایست به دنبال شفاف‌سازی تقاضاهای پنهان آنها باشند. ولی فروشندگان دارای عادات نامناسب بیشتر روزنامه‌خوان هستند نه فکر خوان.

منظورم این است که آنچه را که می‌بینند، ملاک قرار می‌دهند و سعی نمی‌کنند به لایه‌های پنهان ضمیر ناخودآگاه مشتری دست یابند و به ارزشهای مدنظر او واقف شوند.

۷- تمرکز نکردن روی مشتری

گاهی مشتری چیزی به زبان می‌آورد اما منظورش چیز دیگری است. اگر ما به دقت به مشتری گوش ندهیم و نیاز او را درک نکنیم، فرصت فروش

را از دست خواهیم داد. فروشندگان دارای عادات نامناسب از مهارتهای مدیریت سؤالات، مدیریت اطلاعات و مدیریت گوش دادن استفاده نمی‌کنند و همین عامل دست نیافتن آنها به موفقیت می‌شود.

۸- دست از یادگیری کشیدن

"دود از کنده بلند می‌شود!" این شعار فروشندگان نه چندان موفق است، چرا که خود را همه فن حریف می‌دانند و نیازی به یادگیری مادام‌العمر نمی‌بینند. در صورتی که یادگیری همچون موفقیت و همچون کیفیت حد نهایت ندارد و جهان از چنان تغییرات و تلاطمی برخوردار است که انسان همواره نیاز به یادگیری دارد.

۹- فروش را تنها اعداد و آمار دانستن

تعداد بیشتر ایمیل، تعداد بیشتری جلسه... و تعداد کمتری نتیجه! به جای اکتفا به آمار، نتیجه‌گرا باشیم و زمان خود را صرف مشتریانی کنیم که بیشترین ارزش را برایمان تولید می‌کنند.

فروشندگان دارای عادات نامناسب اهمیت بخش‌بندی بازار، تعیین بازار هدف و موقعیت‌گذاری در ذهن مشتریان با داشتن و اثبات کردن وجوه تمایز را جدی نمی‌گیرند.

۱۰- تحقیقات را فقط کار دانشمندان دانستن

تحقیقات بازار جزئی اساسی از فعالیتهای فروش است و ارزش صرف زمان و هزینه را دارد. تحقیقات از ریسک اقدامات می‌کاهد و موجب می‌شود تا قدمهایتان را محکمتر بردارید.

تصور نکنیم تحقیقات بازار فقط اجرای پروژه‌های سنگین از نظر زمانی و هزینه‌ای است بلکه، رصد کردن بازار و گشتن در بازار هم راهی شایسته

برای کسب اطلاعات است؛ چون در این صورت ریسک تصمیم‌گیری غلط کاهش می‌یابد.

۱۱- باور اینکه قیمت تنها انگیزه‌اننده‌ی خرید است

اعتقاد فروشندگان ضعیف و دارای عادات نامناسب این است که اغلب تصمیمات به خرید بر اساس قیمت محصولات صورت می‌پذیرد. اما نکته‌ی درست آن است که مشتری بیشتر به ارزش‌آفرینی شما بها می‌دهد، نه قیمت مصحولات‌تان. لذا در برابر هزینه، ارزش را برای مشتری ارتقا دهیم. یادمان باشد مشتری ارزش می‌خرد و ارزش در نظر مشتری از مقایسه فایده‌های دریافتی با هزینه‌های پرداختی (نظیر هزینه‌ی زمان، هزینه‌ی روانی و...) به دست می‌آید. پس بلافاصله به فکر کاهش دادن قیمت و اضافه کردن مدت تسویه حساب نیفتیم.

۱۲- در جبران خدمات نیروهای فروش دید هزینه‌یابی داشتن

برای بسیاری از اهالی بازاریابی سؤال است که چگونه باید حقوق و مزایای کارکنان فروش را بپردازیم. پاسخ ساده است: ابتدا به این فکر کنید که ارزش فروش برایتان چه میزان است؟

فروشندگان حرفه‌ای و آموزش دیده سفرای سازمان در خارج از شرکت هستند و رشد ثابت درآمد را تضمین می‌کنند. آنها را می‌توان خط تولید ثروت سازمان در نظر گرفت، و برای سازمانها این عده خط مقدم تماس میان مشتری و شرکت هستند.

لذا اولین برداشت مشتری از سازمان شما احتمالاً به واسطه‌ی برخورد اولیه‌ی او با نیروهای فروش سازمان است. در بسیاری از سازمانهای پیشرو، کارمندان بسیار حرفه‌ای بخش فروش، درآمدی بیش از حتی شخص مدیر اجرایی دارند.

متأسفانه عادت به پرداختن دیرهنگام حقوق و مزایای کارکنان به‌رغم وجود نقدینگی سازمان در رفتار بعضی از مدیران مشهود است. و آنها همان‌طور که تلاش می‌کنند دیرتر وجه تأمین‌کننده را بپردازند تا با پولشان گردش نقدینگی بیشتری داشته باشند. همین عادت را هم در مورد حقوق و مزایای کارکنان به کار می‌گیرند و به این سبب انگیزه‌ی آنان را پایین می‌آورند.

۱۳- عادت به جدی نگرفتن شکایت مشتری

هیچ کس راغب نیست که با یک مشتری ناخشنود و عصبانی کلنجار برود. اما فراموش نکنیم که شکایات مشتریان نعمتی برای سازمان ما است؛ چرا که معنا و مفهوم به زبان آوردن شکایت این است که مشتری تمایل دارد که همکاری‌اش را با ما تداوم بخشد.

ضمانت‌های بی‌قید و شرط شرکتها، نمونه‌هایی بدیع از مشتری‌نوازی هستند. امروزه سازمان‌هایی مثل نورداستروم (فعال در زمینه‌ی تولیدات و عرضه‌ی پوشاک و محصولات مرتبط با سبک زندگی) بدون هیچ سؤالی و بی چون و چرا کالایی را که مورد پسند مشتری واقع نشده و یا کالایی را که مشتری از آن راضی نیست بازپس می‌گیرند و در صورت تمایل جایگزین می‌کنند. من نمی‌گویم شما هم همانند این شرکت عمل کنید بلکه، در نظر گرفتن بسیاری از شرایط در اتخاذ این تصمیمات ضروری است اما آیا رسیدگی به شکایات واقعی مشتری که می‌دانیم ریشه‌ی آن در رفتار و کردار نامناسب شرکت ما است را هم نباید جدی بگیریم. لطفاً کتاب مهارتهای ارتباط با مشتریان شاکی را مطالعه کنید.

۱۴- عادت به اینکه اگر محصول با کیفیت باشد همه کار می‌کند

بواقع بزرگترین دستاورد تمام علوم جامعیت‌نگری است. نباید به این باور

قدیمی رفتار کنیم که اگر محصول با کیفیت باشد مشتری به سراغ آن می‌آید. این جمله برای زمانی بود که بازارها انحصاری بودند. اما الان رقبای همتراز، محصولات با کیفیت مشابه می‌سازند؛ پس باید به تمام جوانب موفقیت از جمله جذب، آموزش و مدیریت نیروهای شایسته اقدام کرد. نگرش سیستمی را بیش از گذشته جدی بگیریم.

۱۵- عادت به اینکه تصور کنیم با خواندن یک مقاله یا یادداشت به همه چیز دست یافته‌ایم

به قول بوذرجمهر حکیم، همه چیز را همگان دانند و همگان هنوز به دنیا نیامده‌اند. پس نیاز به مطالعه را به‌صورت یک عادت روزانه در آوریم و پیوسته خودمان را نیازمند یادگیری بدانیم و عادت‌های نامناسب زمین زننده را کنار بگذاریم و به عادات تعالی‌بخش بپردازیم تا سرنوشت بهتری داشته باشیم.

گفتار هفدهم
اهمیت سه اصل در کسب‌وکار بازاریابی و فروش

اصول فراوانی برای کسب‌وکار وجود دارد. بدون حاشیه می‌توان سه اصل پراهمیت کسب‌وکاری را یادآور شد:

۱- باور کنیم که انتخاب درست منابع انسانی مهم‌ترین اصل است، نباید هر متقاضی بیکاری را به راحتی استخدام کنیم.
استخدام نادرست می‌تواند هزینه‌های سنگینی همچون "نارضایتی مشتری" را به دنبال داشته باشد. باید برای شناسایی قابلیتهای متقاضیان استخدام، از ابزارها و روشهای مناسب استفاده کرد. "استعدادشناسی" روشی است که به سازمانها در انتخاب مناسب‌ترین داوطلب استخدام کمک می‌کند.
فرایند استعدادشناسی، ابتدا شایستگیهای مورد نیاز هر شغل را شناسایی می‌کند و در گام بعدی، با استفاده از ابزارهای مناسب، به جستجوی آن شایستگیها در داوطلبان استخدام می‌پردازد.
در نتیجه، تنها افرادی که بیشترین انطباق و تناسب را داشته باشند، می‌توانند به سازمان راه یابند.

۲- باور کنیم که آموزش هزینه نیست بلکه، سرمایه‌گذاری است. پس از استخدام افراد شایسته و دارای پتانسیل، نیاز است قابلیتهای ایشان سامان یافته و پرورش یابد. بر اساس فهرست شایستگیهای هر شغل، می‌توان برنامه‌ی آموزشی مؤثری را برای هر فرد و یا برای هر تیم کاری طراحی کرد. حضور در کارگاههای آموزشی همچون مهارتهای مدیریت برخود، مهارتهای بازاریابی و فروش تلفنی و... می‌تواند افراد را مجهز به دانش و مهارتهای لازم برای ارائه‌ی بهترین عملکرد در حرفه خود کند.

۳- باور کنیم که پس از پرورش افراد شایسته، لازم است بر عملکرد ایشان نظارت و کنترل داشته باشیم. باید انتظارات عملکردی خود را به افراد بگوییم. باید آنها را از رفتارهای حرفه‌ای مناسب آگاه سازیم و با نظارتی اصولی، مطمئن شویم ایشان طبق انتظارات سازمان عمل می‌کنند.

لازم است سرپرستان و مدیران در نقش یک مربی، بر عملکرد افراد تحت سرپرستی خود تمرکز داشته و رفتارهای درست را تقویت و رفتارهای نادرست را محدود و حذف کنند.

● **نتیجه:** نیروی بازاریابی و فروش فوروارد تیم کسب‌وکار است. همانقدر که عملکرد صحیح ایشان ارزش‌آفرین است، به همان اندازه و شاید بیشتر از آن، عملکرد اشتباه ایشان هزینه‌زا خواهد بود. نتیجه خطای یک فروشنده می‌تواند به رونق بازار رقبایمان، منجر شود. نیروهای بازاریابی و فروش به ثمر رساننده تمامی تلاشها و زحمات کارکنان و بنگاه اقتصادی هستند. پس؛ بیایید با استفاده از روشهای هوشمندانه، کارکنان را انتخاب و استخدام کنیم، به شیوه‌ای مؤثر آنها را آموزش دهیم و به تواناییهای لازم مجهز کنیم و همواره به‌عنوان یک مربی در کنار کارکنان باشیم و عملکرد آنها را مدیریت و تقویت کنیم.

گفتار هجدهم
هفت مهارت پایه برای
آنها که می‌خواهند بازاریاب خوبی باشند

بازاریابی مدرن رفته رفته از حالت تک قطبی خارج شده و از این رو نیازمند افرادی چندوجهی است. بازاریابی علم و هنری چندوجهی است که مهارتهای چندگانه می‌طلبد. برخورداری از قابلیتهای چندگانه، و توسعه‌ی مهارتها و به‌کارگیری آنها از جمله ملزومات دست یافتن به مهارتهای چندوجهی در بازاریابی است. اما مهارتهای مورد نیاز برای کسانی که علاقه‌مند هستند که بازاریابی خوب باشند چیست؟

پاسخ به این سؤال را متخصصان مجله‌ی بازاریابی استرالیا داده‌اند؛ آنها هفت مهارت اصلی را برای بازاریابان برجسته برمی‌شمارند که عبارتند از:

● **هوش نوشتاری**
امروزه بازاریابی با استفاده از محتوا (Content Marketing) به قدری اهمیت یافته که برخی اعتقاد دارند که بازاریاب موفق کسی است که به فنون ژورنالیسم آشنایی داشته باشد.

بنابراین برخورداری از توانایی نگارش و تولید متون روان، صریح و

اقناع‌کننده برای رسانه‌های مختلف، اعم از رسانه‌های چاپی سنتی و یا وبلاگ‌ها، از اهمیت وافری برخوردار است.

• هوش کسب‌وکار

برای آنکه بتوانید در تجارت تأثیرگذار باشید و به روش درست عمل کنید، می‌بایست از درک صحیحی نسبت به کسب‌وکار برخوردار باشید - بویژه درک هدف کسب‌وکار، عوامل محرک آن (بخصوص محرکهای رشد درآمد)، شناخت مخاطرات کسب‌وکار، و درک مسائل و اولویتهای کسب‌وکار از جمله مواردی است که بازاریابان هوشمند نسبت به آن واقف هستند. ضمن آنکه توانایی برقراری مؤثر ارتباطات و برگزاری هوشمندانه مذاکرات مرتبط با کسب‌وکار، به عنوان یکی از ارکان هوش کسب‌وکار، موجب اعتمادآفرینی و ایجاد حس احترام حرفه‌ای در طرف مقابل خواهد شد.

• هوش تحلیلی و توانایی تغییر داده‌ها

بازاریابان توانمند می‌دانند که برای تأثیرگذاری بر تصمیمات راهبردی چگونه از داده‌ها بهره ببرند. هوش تحلیلی اشاره به توانایی انسان در مواجهه‌ی اثربخش با موضوعات مختلف دارد.

انسانهایی که از هوش و درک تحلیلی بالایی برخوردار هستند دارای توانایی کلامی، قابلیت تفکر انتزاعی، توانایی در پردازش اطلاعات، و توانایی در ساماندهی اطلاعات هستند. آنها قادرند تا از میان بی‌نظمی و آشفته‌بازار اطلاعاتی، نظمی منطقی استخراج کنند.

• هوش رهبری کسب‌وکار

متخصصان بازاریابی امروزه ناگزیر هستند تا از مهارتهای رهبری بهره‌مند

باشند تا بتوانند برند خود را به سوی پیشرفت هدایت کنند. رهبری، نوعی از توانمندی است که دیگران را وادار می‌سازد تا با اشتیاق و از سر میل، دنباله‌رو اهدافی مشخص باشند.

رهبری یک سازمان برای سازگارپذیری با تغییرات در محیط متلاطم کسب‌وکار و بقا و رشد در چنین محیطی، نیازمند وجود ویژگیهای بخصوصی است. یکی از مهمترین این ویژگیها و خصایص که می‌تواند به رهبران و مدیران کسب‌وکار در مهندسی و کنترل این تغییرات کمک کند، مقوله‌ی هوش رهبری سازمانی است.

پیتر دراکر از اندیشمندان برجسته‌ی علم مدیریت درباره‌ی اهمیت مدیریت و رهبری در سازمان می‌گوید: "همان‌گونه که درختان از بالا سر خود دچار فرسودگی و فساد می‌شوند و از بین می‌روند، یک سازمان هم زمانی دچار اضمحلال می‌شود، که مدیر آن از توانایی مدیریت بی‌بهره باشد." سازمانهای فاقد رهبر دچار یک آشفتگی هستند.

تا زمانی که رهبر سازمان، با انگیزش کارکنان آنها را به سوی اهداف و آرمانهای سازمانی هدایت نکند، فعالیتهای مدیریتی مثل برنامه‌ریزی، سازمان‌دهی و تصمیم‌گیری نیز عقیم خواهد ماند. بنابراین، وجود جوهره‌ی رهبری در کالبد سازمان از ملزومات موفقیت سازمانها در عصر حاضر است.

● کنجکاوی، چابکی، و تجربه‌آموزی

نسل فعلی و نسلهای آینده مقیم دنیای دیجیتال هستند و با این ابزار رشد می‌کنند و ایده‌های گوناگون و محتوای مختلف را تجربه و آزمون می‌کنند. بنابراین بازاریابان برجسته با درک چنین شرایطی، حتماً زمانی را صرف مطالعه، جستجو و آزمون تجارب می‌کنند، تا بدین وسیله اندیشه‌ی تحول‌آفرین خود را تغذیه کنند، ایده‌های ناب و خلاقانه بسازند و با

حساس شدن حسگرهای خود در اثر روزآمدی بتوانند بسرعت در مقابل تغییرات واکنش نشان دهند.

● هوش فناوری

چنانچه بازاریابان اندک درکی نسبت به ابزارها و کاربردهای تکنولوژی داشته باشند و آن را به کار گیرند، آنگاه خواهند توانست تا به ایده‌های خود لباس حقیقت بپوشانند و آنها را به پدیده تبدیل کنند و از سویی تفکر جانبی و خلاق را نیز در خود تقویت کنند.

هر چند که شرایط عدم قطعیت اقتصادی همچنان سرزنده و چابک می‌تازد، با این حال بنا بر پیش‌بینی یکی از بزرگترین فعالان بخش تحقیقات صنعتی (IBISWorld) برخی صنایع همچنان به رشد خود ادامه می‌دهند، از جمله صنایع اتومبیل‌سازی و موتوری، آموزش آنلاین، خرید آنلاین و بیوتکنولوژی. بدین‌رو، بازاریابان فرصتهای بسیار ارزنده‌ای بویژه در این حوزه‌ها دارند. بهره‌مندی از دانش بازاریابی در فضای دیجیتال از این رو اهمیتی وافر می‌یابد.

● هوش جامعه‌شناسی

همان‌طور که می‌دانیم درک رفتار مصرف‌کننده و مطالعه‌ی آن از پیش‌فرضها و ملزومات بازاریابی مدرن است، اما از سویی درک جامعه در معنای گسترده‌تر مصرف‌کنندگان، و چگونگی تأثیرگذاری اجتماع بر رفتار و نحوه‌ی انتخاب افراد - چیستی، چرایی، و چه زمانی و چه مکانی - از جمله مواردی است که بازاریابان خبره به اهمیت آن واقف هستند.

فصل دوم

انواع بازاریابی

گفتار نوزدهم
نانومارکتینگ

نانو پیشوندی به معنای یک میلیاردم یا ۱۰ به توان ۹- است. واژه‌ی نانو مشتق از کلمه‌ای یونانی به معنای کوتوله است. از نانو برای بیان مقادیر بسیار کوچک استفاده می‌شود.

این واحد اندازه‌گیری در سال ۱۹۶۰ به رسمیت شناخته شد. اما چه ارتباطی میان نانو و بازاریابی وجود دارد و منظور از نانومارکتینگ یا همان بازاریابی نانو چیست؟

در ابتدا لازم است اشاره شود که در بالا نانو را تعریف کردیم و نه تکنولوژی نانو را. هدف از این کار این بود که نشان داده شود برخلاف تصوری که وجود دارد، نانومارکتینگ و نانوتکنولوژی ارتباطی به یکدیگر ندارند.

برخی با شنیدن نانومارکتینگ تصور می‌کنند منظور بازاریابی برای محصولاتی است که با استفاده از تکنولوژی نانو تولید شده‌اند، در صورتی که بازاریابی برای این دسته از محصولات تابع قوانین و اصول بازاریابی برای سایر محصولات است تنها با این تفاوت که باید ابتدا فرهنگ استفاده از محصولات تولید شده به روش نانو را به وجود آورد و مزایای این

محصولات را به مصرف‌کنندگان یادآور شد.

بنابراین استفاده از نانو و ترکیب آن با مارکتینگ به قصد نشان دادن کوچک و محدود بودن گروه هدف در این شاخه از بازاریابی است.

کارشناسان معانی متعددی برای نانومارکتینگ ذکر کرده‌اند اما به نظر می‌رسد بهترین تعریف برای بازاریابی نانو این تعریف باشد: یافتن کوچکترین دسته‌ی ممکن از مخاطبان هدف و به وجود آوردن کوچکترین شبکه‌ها برای سنجش سودآور بودن بازار.

اگر بازاریابی برای این دسته‌ی کوچک موفق بود و با بازگشت مالی همراه بود، بازاریاب دامنه‌ی فعالیت خود را گسترش می‌دهد و دسته‌های بزرگتری از افراد را هدف می‌گیرد.

بازاریابی نانو جایگاهی میان گوشه‌ای از بازار (niche marketing) و بازاریابی تک به تک (one to one marketing) دارد، به‌عبارتی گروه هدف در بازاریابی نانو بزرگتر از بازاریابی تک‌به‌تک است؛ چون بازاریابی تک‌به‌تک در حقیقت سفارش یک مشتری برای محصولی خاص است. مثلاً در اتومبیل‌سازی بارها دیده شده که افراد سفارش ساخت ماشینهای طلا می‌دهند یعنی گروه هدف یک نفر است. از سوی دیگر در بازاریابی نانو گروه هدف کوچکتر از گوشه‌ای از بازار است. برای مثال در گوشه‌ای از بازار، گروه هدف رانندگان زن تعریف می‌شود اما در بازاریابی نانو همین گروه به رانندگان زن ساکن در جنوب شهر محدود می‌شود؛ به‌عبارتی گروه هدف کوچکتر می‌شود.

بنابراین نانومارکتینگ بیش از آنکه نیازمند سختکوشی بازاریاب باشد به باهوش بودن او نیاز دارد. بازاریاب باهوش باید فقط مخاطبان درست را انتخاب کند نه آنهایی که احتمال می‌دهد مخاطب او باشند. در این شاخه از بازاریابی، بازاریاب باید از انجام فعالیتهایی که وقت و هزینه زیادی از او می‌گیرند خودداری کند.

چگونه بازاریابی نانو انجام دهیم؟
برای شروع بازار کوچکی را انتخاب کنید و یا کسب‌وکار فعلی خود را به بازارهای کوچکتری تقسیم کنید که بتوان با صرف کمترین هزینه، بیشترین سود را از آن بازار کسب کرد. مثلاً اگر می‌خواهید در زمینه‌ی پوشاک کودکان فعال باشید و مایلید از نانومارکتینگ در کسب‌وکار خود استفاده کنید می‌توانید این بازار را به بخشهای کوچکی تقسیم کنید و یکی از آن بخشها را انتخاب کنید. مثلاً می‌توانید تمرکز خود را روی فروش دستکش کودکان قرار دهید. با این کار خیلی زودتر می‌توانید به یک برند تبدیل شوید و مشتریان وفاداری داشته باشید. حتی اگر بتوانید همین دسته را باز هم کوچکتر کنید در بازاریابی نانو موفق‌تر خواهید بود. مثلاً دستکش ابریشمی کودکان بفروشید. بنابراین در بازاریابی نانو بازاریاب باید کوچکترین دسته‌ی ممکن را انتخاب کند و اگر آن دسته بازگشت مالی داشت، کار خود را به دسته‌های دیگر تعمیم دهد.

گفتار بیستم
بازاریابی کاغذی
در برابر دیجیتالیسم

در سالهای اخیر نامه‌های کاغذی که یکی از قدیمیترین و رایجترین رسانه‌های بازاریابی است، به دلیل شکوفایی و انفجار فناوری در بخش رسانه‌های مجازی مثل اینترنت و بازاریابی به‌وسیله‌ی تلفن همراه دچار افول شده است.

شرکت رویال میل (Royal Mail)، بزرگترین تأمین‌کننده‌ی خدمات پست مستقیم در بریتانیا، در پژوهشی قصد داشت تا وجود یا عدم وجود تفاوت در میزان اثربخشی نامه‌های فیزیکی و نامه‌های مجازی را مورد ارزیابی قرار دهد.

ممکن است پیام در هر دو رسانه (کاغذی و الکترونیک) یکسان باشد، اما به یقین فرایند کار در این دو رسانه متفاوت است. برای مثال نامه‌ی مستقیم را می‌توان در دستان خود لمس کرد. رویال میل برای انجام این پژوهش از مؤسسه‌ی نورومارکتینگ میلواردبراون خواست تا این تحقیق را برای آنها صورت دهد.

رویکرد و روش کار مؤسسه‌ی میلوارد، استفاده از آخرین فناوری

عصب‌شناسی و امواج مغزی برای ورود به دنیای درون و دسترسی به مغز مصرف‌کنندگان است. امواج مغزی شرکت‌کنندگان در این تحقیق را دانشمندان مرکز روانشناسی تجربی از طریق فرایندی مشابه تکنیک‌های تصویربرداری بالینی MRI ثبت و دریافت شد.

پژوهشگران در این تحقیق، تصویری مشابه را دوبار و به دو شکل متفاوت برای شرکت‌کنندگان نمایش دادند؛ یکبار روی صفحه‌ی نمایش، یعنی به صورت یک تجربه‌ی آنلاین مجازی، و یکبار هم به صورت چاپ شده روی کاغذ، تا تجربه‌ای فیزیکی و امکان لمس را فراهم کرده باشند. اسکنرها سپس فعالیت‌های بخش‌های مختلف مغز مخاطبان را در حین تماشای این تصاویر ثبت کردند، تا به این صورت ارزیابی شود که رسانه‌های متفاوت بازاریابی چه تأثیری در واکنش‌های مغزی افراد بر جای می‌گذارند.

نتایج به دست آمده که از طریق روش‌های پیچیده استخراج شدند، در کمال تعجب حاوی نکته‌ای ساده بودند:

اشیای فیزیکی قابل لمس مثل نامه‌ی مستقیم به نسبت اقلام مجازی، موجب تحریک هیجانی و احساسی بیشتری در مغز می‌شوند!

این بدان معنا است که احتمال بیشتری وجود دارد که اشیای ملموس در حافظه‌ی مخاطبان ثبت و جاودان شوند. بدین‌رو احتمال اینکه این قبیل اقلام قابل لمس موجب تداعی مثبت‌تر برند شوند نیز بیشتر است.

این یافته، خبری خوش برای شرکت‌هایی است که در عصر دیجیتال همچنان از روش‌های سنتی و کاغذی برای رونق کسب‌وکار خود بهره می‌برند. یافته‌های عصب‌شناسان حاکی از آن بود که نامه‌نگاری مستقیم، ابزار خوبی برای بازاریابان است، از طرفی اقلام تبلیغاتی کاغذی از نظر عاطفی رابطه‌ای قدرتمندتر با مخاطبان برقرار می‌سازند. از این رو با مشخص شدن جایگاه افول یافته‌ی رسانه‌های دیجیتال به وسیله‌ی عصب‌شناسان، رسانه‌های قدیمی هنوز از نفس نیفتاده‌اند و دارای قابلیت‌های

بسیاری هستند.

نکته‌ی مهم نقش ارتباطات بازاریابی یکپارچه در عصر حاضر است. توصیه این است که تصور نکنیم یکی از این ابزارها می‌تواند به تنهایی کار تمام آن‌ها را انجام دهد. همان‌طور که تصور جایگزینی کامل دیجیتال به جای کاغذ نمی‌تواند صحیح باشد، بهره‌گیری از دیجیتال در کنار اقلام فیزیکی ارتباطات و همچنین ارتباطات چهره‌به‌چهره نیز ارزشمند هستند. پیشنهاد می‌کنم هر یک از این ابزارها و رسانه‌ها را در قالب یک سیستم یکپارچه‌ی هدفمند به کار گیریم و تلاش کنیم با تأثیرگذاری بر حواس پنج‌گانه‌ی مشتریان از عمق تأثیر بیشتری در روح و روان و قلب آنان برخوردار شویم، و با ارائه‌ی یک تجربه‌ی زنده از برند ایشان را علاقه‌مند و سفیر برند در دنیای رقابت رو به گسترش بار بیاوریم، و از نعمات ارتباطات خود و مشتریان و سایر اعضای زنجیره‌ی ارزش‌آفرینی بهره‌مند شویم.

گفتار بیست‌ویکم
بازاریابی اجازه‌ای
نقطه‌ی مقابل بازاریابی وقفه‌انداز

پایه و اساس آمیزه‌ی بازاریابی، از اوایل دهه‌ی ۱۹۶۰ گذاشته شد که همان چهار پی (4P) معروف است: محصول (Product)، قیمت (Price)، توزیع (Place)، ترویج (Promotion) [در این باره به فصل دوازدهم از کتاب "مباحث و موضوعات مدیریت بازاریابی با نگرش بازار ایران" (اثر اینجانب) مراجعه کنید].

ست گودین Pهای جدیدی را به این فهرست اضافه می‌کند. این Pهای جدید عبارتند از گاو بنفش (Purple Cow) که به معنای چشمگیر بودن است و خودمانی آن همان گاو پیشانی سفید بودن یا تمایز است. بازاریابی اجازه‌ای یا با مجوز (Permission Marketing)، دیگر P آمیخته‌ی بازاریابی است، که ست گودین ارائه کرد. در بازاریابی اجازه‌ای پیامهای بازاریابی به شکلی قانونمند، تدریجی، و کاملاً با اجازه‌ی مشتری به او انتقال می‌یابد. بنابراین، برقراری، تحکیم و ادامه‌ی روابط با مشتری در فلسفه‌ی بازاریابی اجازه‌ای می‌بایست طبق نظر و اجازه‌ی مشتری صورت پذیرد.

در این نوع بازاریابی پیام به کسانی منتقل می‌شود که از قبل برای پذیرش

آن ابراز تمایل کرده باشند (مانند مشتریان سابق سازمان)، بنابراین مخاطبان بازاریابی اجازه‌ای یک بازار هدف دقیق و غنی هستند. به‌وسیله‌ی این روش می‌توان به شکلی دقیق‌تر بازار را مورد هدف قرار داد و نهایتاً به سودآوری بیشتر دست یافت. در این شیوه، بازدیدکنندگان با نرخ بالاتری به مشتری تبدیل می‌شوند.

استقرار بازاریابی اجازه‌ای امکان ارزیابی و پیگیری آثار و نتایج پیام‌های بازاریابی را فراهم می‌سازد و از هزینه‌ها می‌کاهد. از طرفی مخاطبان نیز زمان زیادی را پس‌انداز می‌کنند و با دریافت پیشنهادات هدفمند و ویژه‌ی فروش که مبتنی بر نیازمندی‌هایشان است می‌توانند خرید کم‌هزینه و کم‌دردسرتری را صورت دهند.

روشن است که بازاریابی اجازه‌ای از راهبردهای بازاریابی مستقیم (Direct Marketing) است.

به اعتقاد ست گودین، بازاریابی اجازه‌ای (Permission Marketing) نقطه‌ی مقابل بازاریابی وقفه‌انداز (Interruption Marketing) است. برای مثال ارسال هدفمند خبرنامه‌های محتوایی با امکان لغو عضویت کاربران (Unsubscribe) از روشهای بازاریابی اجازه‌ای به شمار می‌روند و در نقطه‌ی مقابل تبلیغات ایمیلی بی هدف و هرزنگاری‌ها (Spam) نوعی از بازاریابی وقفه‌انداز است.

مشکل بازاریابی سنتی در کجا است؟

از نظر گودین تبلیغات دیگر مانند گذشته کارآمد نیست، شاید چون حجم انبوهی از آن محیط پیرامون ما را در بر گرفته است، و یا شاید مردم آموخته‌اند که چگونه تبلیغات را نادیده بگیرند. دنیای دات کام‌ها نیز کسب‌وکار تلویزیون و آگهی‌های چاپی را از سکه انداخته است. گودین تأکید می‌کند که ما به عصر جدیدی وارد می‌شویم. و راه و طریق بازاریابی از

اساس تغییر خواهد کرد. از نظر ست گودین مهمترین چالش و اشکال تبلیغات انبوه این است که این نوع از تبلیغات برای جلب توجه مخاطبان در کار آنها وقفه ایجاد می‌کند.

یک آگهی ۳۰ ثانیه‌ای در تماشای فیلم وقفه می‌اندازد، یک تماس تبلیغاتی تلفنی می‌تواند موجب ایجاد وقفه در صرف یک شام خانوادگی شود. و یا یک آگهی چاپی می‌تواند در یک مقاله‌ی خواندنی وقفه ایجاد کند. این مدل وقفه‌انداز با نام بازاریابی وقفه‌انداز (Interruption Marketing) شناخته می‌شود و با سبک جدید زندگی افراد همخوانی ندارد، بنابراین از اثربخشی برخوردار نیست.

اما الگوی جدید مبتنی بر کسب مجوز از افراد است. چالش بازاریابان در عصر مدرن این خواهد بود که مخاطبان را به گونه‌ای قانع کنند که آنها خود داوطلبانه توجهشان را به شما جلب کنند و به قول ست گودین مثل بچه درسخوان‌های کلاس برای پاسخگویی به سؤال معلم دست خود را بالا ببرند و داوطلب شوند. تا اینگونه موافقت خود را با دریافت اطلاعات بیشتر در مورد سازمان و محصولات و خدمات آن اعلام کنند. بازاریابی اجازه‌ای غریبه‌ها را به دوست و دوستان را به مشتریان وفادار تبدیل می‌کند. از نظر گودین این سبک بازاریابی هم مفرح و هم آموزنده است.

اولین قاعده‌ی بازاریابی اجازه‌ای این است که این روش مبتنی بر خودانتخابی است. به این معنا که مصرف‌کنندگان تنها در صورتی اجازه تعامل شما با خودشان را می‌دهند که نفع این کار را برای خود بدانند. لذا منافع خود و ارزش‌آفرینی خود را با ادله‌ی محکم به آنها اثبات کنید.

تفاوت امروز دنیای تبلیغات با ۳۰ سال گذشته در چیست؟

بازاریابی، رقابتی بر سر جلب توجه مردم است. سی سال پیش کافی بود تا اراده کنید و با یک تبلیغ کوچک، مخاطبان شش دانگ حواس خود را به

شما بدهند. برنامه‌ی تلویزیونی آنها را قطع می‌کردید و آنها باز به شما گوش می‌دادند. در بزرگراه یک بیلبورد می‌گذاشتید و آنها بیلبورد را می‌دیدند. اما امروز اوضاع تفاوت کرده است. به گفته‌ی ست گودین هر مصرف‌کننده به طور متوسط سالانه بالغ بر یک میلیون پیام بازاریابی را می‌بیند یا می‌شنود. یعنی روزی حدود ۳ هزار پیام. هیچ انسانی قادر نیست که هر روز این ۳ هزار پیام را درک کند و به خاطر بسپارد.

امروز مشغله‌ی بشر به حدی است که نمی‌توان در کار او وقفه ایجاد کرد، لذا واکنش طبیعی مخاطبان این است که پیامهای وقفه‌انداز را نادیده بگیرید. امروزه تلویزیون بشدت جایگاه تبلیغاتی خود را از دست می‌دهد. آیا آگهی تلویزیونی که هفته گذشته دیده‌اید را به خاطر می‌آورید؟ اوضاع در فضای مجازی به مراتب بدتر است و امروزه چندین میلیون سایت اینترنتی در مسیر جلب نظر مخاطبان رقابت می‌کنند.

راه جایگزین چیست؟

ست گودین بازاریابی اجازه‌ای را به عنوان جایگزین و خلف شایسته‌ی بازاریابی وقفه‌انداز معرفی می‌کند.

در این سبک از بازاریابی پس از فراهم شدن بسترها و زمینه‌سازیهای لازم، ابتدا ما اندکی در خصوص سازمان خود و محصولات آن به مصرف‌کنندگان می‌گوییم، در گام بعدی این مصرف‌کنندگان هستند که اندک اطلاعاتی از خود را در اختیار سازمان ما قرار می‌دهند، حالا سازمان کمی بیشتر از خود می‌گوید، و در مقابل مشتری نیز مطالب بیشتری را در باره خود بیان می‌کند و این رابطه بتدریج تحکیم می‌شود. در واقع در بازاریابی اجازه‌ای یک رابطه‌ی یادگیری دوسر سود ایجاد می‌شود. البته همچنان ناگزیریم که توجه اولیه‌ی مخاطبان را به خود جلب کنیم که البته این مهم هزینه‌های بسیاری در بر خواهد داشت. اما این تنها آغاز داستان است. در

مرحله‌ی بعد باید توجه را به اجازه، اجازه را به یادگیری، و در آخر یادگیری را به اعتماد تبدیل کنیم. سپس می‌توان روی تغییر رفتار مصرف‌کنندگان کار کرد.

چرا مصرف‌کنندگان باید به ما اجازه دهند تا با آنها صحبت کنیم؟

بازاریابی اجازه‌ای یک رابطه‌ی دوطرفه است که برای هر دو جانب سودآور خواهد بود. اگر از دیدگاه مشتری به آن نگاه کنیم، در واقع مردم جهت برآوردن نیازمندیهای خود پول دارند. اما مصرف‌کنندگان مدرن فاقد زمان لازم برای ارزیابی محصولات و کسب اعتماد نسبت به شرکتهای تولیدکننده‌ی این محصولات هستند.

همان‌طور که پیشتر ذکر شد، خودانتخابی اصل اول بازاریابی اجازه‌ای است، به این معنا که مشتری به شرط دریافت منفعت، اجازه‌ی تعامل با خود را صادر می‌کند. لذا سازمانها ناگزیرند که آشکارا یا تلویحاً در ازای توجه مشتری به او پاداش بدهند. در مقابل سازمانها نیز با پاسخهای منفی کمتری از جانب مشتریان مواجه خواهند شد.

گفتار بیست‌ودوم
بازاریابی تجربه‌آفرین

"تنها راه خارج نشدن از گردونه‌ی رقابت، این است که منحصربه‌فرد باشید و وجوه تمایز خود را پررنگ کنید." این توصیه‌ای است که بسیار شنیده‌ایم اما از چند و چون و نحوه‌ی تحقق آن کمتر اطلاع داریم. وجوه تمایز یک کسب‌وکار در حکم مهره‌ی مار بنگاه‌های اقتصادی است، نیرویی قدرتمند که مشتریان را جذب و رقبا را از سر راه برمی‌دارد.

برخی از اهالی بازاریابی واژه‌ی "زاویه" را به وجوه تمایز شرکتها نسبت می‌دهند، و منظور از آن زاویه‌ای است که ما را از رقبایمان جدا می‌کند. خلق تجارب به یادماندنی برای مشتریان، تجاربی که مشتریان را ناگزیر به صحبت درباره‌ی آن کند را می‌توان یکی از بارزترین نمودهای وجوه تمایز دانست.

منحصربه‌فرد بودن موجب می‌شود تا مصرف‌کنندگان دلبستگی بیشتری به آن برند داشته باشند.

نمونه‌هایی از تمایز
- کلاگز (از بزرگترین تولیدکنندگان محصولات خوراکی)، با حک کردن

لوگوی خود روی هر دانه‌ی محصول غلات صبحانه‌ی کلاگز، تجربه‌ای فراموش‌ناشدنی را برای مصرف‌کنندگان خلق کرد.

● شرکت خرده‌فروشی آنلاین زاپوس با ارائه‌ی خدمات منحصربه‌فرد به مشتریان، که نام آن را "خدمات با تأثیر شگفت‌انگیز" گذاشته، توانسته بازار آنلاین کیف و کفش را قبضه کند. تاکنون شرکتهای بسیاری تلاش کرده‌اند تا از مدل زاپوس تقلید کنند، اما قادر به انجام این کار نشده‌اند.

● کمپین‌های تبلیغاتی حسی با خلق تجاربی به یادماندنی از دیگر ابزارهای ایجاد تمایز هستند. برای مثال چندی پیش برند سونی با اجرای یک شاهکار تبلیغاتی، خاطره‌ای فراموش‌ناشدنی را در ذهن مخاطبانش بر جای گذاشت.

سوئدیهایی که به تماشای آخرین نسخه از فیلم مشهور جیمز باند رفته بودند، با تجربه‌ای هیجان‌انگیز و باورنکردنی مواجه شدند. سونی تجربه‌ای شیرین با درونمایه‌های هیجان‌آمیز برای مخاطبان فیلم جیمز باند تدارک دیده بود که لذت تماشای فیلم را دوچندان می‌کرد.

تماشاچیان در بدو ورود به سالن سینما یک لیوان نوشابه می‌گرفتند که نشان سونی روی آن خودنمایی می‌کرد.

در تعدادی از لیوانها نمونه‌ای واقعی از یکی از مدلهای جدید و ضد آب سونی قرار داده شده بود و دست‌اندرکاران حین پخش فیلم با تماس با این گوشیها که درون نوشابه پنهان بودند، خبری باورنکردنی را به مخاطبان خوش شانس می‌دادند. قطعاً برنده شدن یک گوشی جدید و با امکانات زیاد آن هم به این سبک و سیاق چیزی نیست که به سادگی از ذهن پاک شود.

سونی با اجرای این کمپین تبلیغاتی توانست هیجانی وصف‌ناپذیر و

ماندگار را برای مخاطبان خلق کند.

اهمیت بازاریابی تجربه‌آفرین

متمرکز ساختن اقدامات بازاریابی بر خلق تجربه دو کارکرد دارد. اول آنکه داستان برند شما را می‌سازد. مشتریان این روایت را سینه به سینه به نزدیکان و دوستان خود انتقال می‌دهند.

همگی ما از اهمیت وافر تبلیغات دهان به دهان به عنوان یکی از قدرتمندترین ابزارهای بازاریابی آگاهیم، اما آیا تاکنون دستمایه‌ی خوبی در اختیار مشتریان گذاشته‌ایم که ارزش آن را داشته باشد که در خصوص ما صحبت کنند؟ اگر بخواهیم که مشتریان‌مان از ما پیش دوستان خود تعریف کنند، باید ابزار آن را در اختیارشان قرار دهیم. چیزی که ارزش به اشتراک گذاشتن را داشته باشد.

خلق تجربه هم چنین موجب تقویت احساس تعامل و نزدیکی با برند می‌شود و همین مسأله دلیلی خوب و موجه برای وفادار شدن مشتریان است. نتایج تحقیقی جالب توجه که در پایگاه رسمی اد ایج (Adage) منتشر شده است حاکی از آن است که حدود ۷۸ درصد از مصرف‌کنندگان بر مبنای احساسات و آرزوهای درونی خود و نیز میزان انطباق حس آن برند با ارزشهای شخصی به انتخاب برند دست می‌زنند.

مشتریان به دنبال برندهایی هستند که تبلوری از خود باشند و نمودی از انسانی باشد که همواره در جستجوی آن بوده‌اند.

تجربه چگونه خلق می‌شود؟

- با عمل مبتنی بر احساس و شخصی‌سازی حداکثری و حتی‌المقدور روابط.
- با تقویت ارزشهایی که پای آنها ایستاده‌اید. حتماً افراد دیگری هم هستند

که ارزشهایی مشترک با شما دارند، بنابراین، چنانچه بر ارزشهای خود تأکید کنید، مطمئناً تنها نخواهید ماند.

- با جذاب بودن و کسالت‌بار نبودن
- همرنگ جماعت بودن خلق تجربه نمی‌کند بلکه، شما را نیز در یک جریان یکنواخت قرار می‌دهد. منحصربه‌فرد باشید تا به تجربه‌ای ناب تبدیل شوید.
- راهی بیابید تا جزئی از زندگی روزمره‌ی مصرف‌کنندگان شوید.
- هدیه به مشتری، حتی در حد یک لبخند صمیمانه، پیشکشی ارزشمند نزد مشتری خواهد بود.
- به این فکر کنید که مشتری شما کیست و چه چیزهایی برای او دارای اهمیت است، شما قصد دارید که چه تجربه‌ای برای او رقم بزنید و چگونه می خواهید فرایند خلق تجربه را در سازمان خود نهادینه و نظام‌مند کنید، و آخر آنکه برای خلق تجربه می‌خواهید از چه نوع کانال‌ها و عناصر ارتباطی بهره ببرید؟

از این رو بازاریابی خلق تجربه چیزی جز خاطره‌سازی و ماندگاری در ذهن مشتری نیست و ماندگار شدن به دست نمی‌آید مگر با منحصر به فرد بودن و طرحی نو در انداختن. سعی کنید به هر طریق ممکن خاطره‌ای خوش در ذهن مشتری بسازید، یک لبخند، تبریک تولد مشتری، و یا هدیه‌ای کوچک، علاوه بر خشنودی مصرف‌کنندگان، نام و نشان شما را در ذهنها جاوید می‌کند. به‌طور نظام‌مند، تجربه‌ای چشمگیر در هر برخورد با مشتری ارائه کنید.

در پایان، بار دیگر تأکید می‌کنم که تقلید کورکورانه از رقبا، ما را به ورطه‌ی فراموشی می‌سپارد و چاره آن است که در فکر نوآوری و منحصربه‌فرد بودن باشیم.

گفتار بیست‌وسوم
بازاریابی قبیله‌ای:
قبیله‌های مدرن

ظهور و بروز جوامع قبیله‌ای، پدیده‌ی امروز دنیای بازاریابی است. بزرگانی چون ست گودین، متفکر نامی بازاریابی جهان، نیز به این مباحث می‌پردازند که کسب‌وکارها باید چگونه با این گروههای اجتماعی تعامل و مشارکت کنند.

گوشهایتان را کمی تیزتر کنید، شاید شما نیز صدای طبلها را از دور دستها بشنوید. هر چه پیش می‌روید این صدا بلند و بلندتر می‌شود و این صدایی است که نشانگر تغییرات بزرگ برای بازاریابی است. این صدای جوامع مدرن قبیله‌ای است.

البته پر واضح است که مفهوم قبیله‌ها مفهومی جدید نیست. ده سال قبل برای مثال، برنارد کوا در خصوص قبائل و اینکه مردم چگونه باید ارتباطات و پیوندهایی جدید ایجاد کنند صحبتهایی کرد، اما فناوری و بویژه اینترنت امروز به دوران بلوغ خود رسیده است و جامعه را به جایی رسانده که رفتار قبیله‌ای از مفهومی صرفاً کتابی در صفحات کتابهای جامعه‌شناسی پا به عرصه‌ی وجود و واقعیت نهاده است.

دکتر ماری تیلارد (Marie Taillard)، استادیار بازاریابی در مدرسه‌ی کسب‌وکار اروپا (ESCP) و همکار سابق برنارد کوا در خصوص نیاز به تعلق و عضویت در گروه‌های اجتماعی می‌گوید: "بسیاری از آموزش‌های من در حوزه‌ی روان‌شناسی پویا قرار دارد. نیاکان ما برای ادامه حیات، پیدا کردن غذا و حفاظت خود در برابر محیط و خطرات آن، نیاز داشتند تا از یکدیگر بیاموزند. این همان کاری است که ما اساساً اکنون در حال انجام آن هستیم و مدام از هم درس می‌گیریم. ما از هم می‌آموزیم که بهترین جا برای یافتن و خوردن غذای خوب، کجا است؟ چه چیزی قرار است به ما احساس گرما و پناه بدهد؟ و از همین قبیل پرسش‌ها و ابهامات. همان‌گونه که پیش‌بینی شده بود، این تغییر در ساختار اجتماعی تأثیر شگرف و فزاینده‌ای بر روابط قبائل با کسب‌وکارها گذاشت.

کارکرد بازاریابی قبیله‌ای در جوامع مدرن

به بیان میشل بایلر (Michael Bayler)، از نویسندگان کتاب "مشتریان بی‌قاعده: ارزش‌آفرینی برندهای نامرئی در بازارهای دیجیتال"، مصرف‌کنندگان از رسانه‌های اجتماعی برای پالایش، فیلتر کردن، مقاومت و پس‌زدن پیام‌های کسالت‌آور و نامربوط استفاده می‌کنند. پس مصرف‌کننده‌ی قبیله‌ای، انسانی جامعه‌گرا است، و بدون توجه به تبلیغات، دنیا را از پس عینک دیجیتال خود می‌بیند.

او بدون پرداخت هیچ بهایی می‌تواند اطلاعات را به گونه‌ای نسبتاً اعتمادپذیرتر و کاملاً مرتبط دریافت کند، آن هم بدون نیاز به تبلیغات. حال سؤال بازاریابان اینجا است، که چگونه در این میدان قرار گیرند و باز مصرف‌کننده گمشده خود را دریابند؟

الگوی رایج امروزی یعنی مدل بالا به پایین بازاریابی، این رشته و علم را در یک چرخه‌ی باطل قرار داده است. اهمیت این تحول در بازاریابی تا

بدانجا بود که فرد بزرگی همچون ست گودین تصمیم گرفت تا مغز متفکر بازاریابی خود را وقف نگارش کتابی در این حوزه کند.

نتیجه‌ی این نوع اندیشه، در آخرین کتاب ست گودین و یکی از پرفروشهای بازار یعنی "قبیله‌ها" تبلور یافت. با وجود اهمیت فراوان، اما هنوز اتفاق نظری میان کسب‌وکارها بر سر چگونگی و نحوه‌ی تعامل آنها با قبیله‌ها وجود ندارد و به همین دلیل بازاریابی قبیله‌ای بیش از آنکه علم باشد فعلاً در حد یک پدیده‌ی هنری است.

به اعتقاد گودین، قبایل اغلب به تعبیر او از شیپ‌واکرها (sheep walker's) تشکیل شده‌اند، افرادی که دنباله‌رو و فرمانبردار تربیت یافته‌اند. قبیله‌هایی نیز وجود دارند که به دنبال کسانی برای پذیرفتن نقش رهبری و هدایت و برقراری ارتباط آنها با دیگر قبیله‌ها هستند.

بازاریابان به ظن گودین باید پذیرای این نقش و رهبری قبلیه‌ها باشند. بسیاری با نظر گودین موافق هستند، اما برخی مانند جنیفر کرکبی عقیده دارند که، درون یک قبیله معامله به مثل وجود دارد که این امر به معنای الزام وجود راهبر و هدایت کننده نیست. تیلارد در مشاهدات شخصی خود از جوامع اجتماعی، متوجه رفتارهای بسیاری شد که توصیفگر تعاملات قبیله‌ای است. به نظر او این جوامع معمولاً بسیار مردمسالار هستند و شما شاهد افرادی با تخصصهای گوناگون هستید که عهده‌دار انواع مختلفی از کارها هستند. برای نمونه، فردی از قبیله در برقراری تماس با اعضای جدید مهارت می‌یابد.

اما اینکه قبیله دارای رهبر باشد، یا اینکه رئیس قبیله یک شرکت یا برند خاص باشد با مشاهدات او نمی‌خواند.

دیدگاه جایگزین

یکی از دیدگاههای جایگزین نسبت به بازاریابی قبیله‌ای آن است که برندها

به جای ایفای نقش رهبری، باید در مقام تسهیلگر گفتمان و تعامل میان قبیله برآیند و زمینه‌ساز باشند. به گفته‌ی کرکبی، کسب‌وکارها به هنگام رکود، باید تمرکز خود را روی ارزش‌آفرینی (value proposition) و کیفیت آن جلب کنند. می‌توان حول یک اصطلاحاً پلتفرم یا خط‌مشی این گزاره ارزشی را به وجود آورد، و این خط‌مشی هنگامی موفق خواهد بود که پیوند بین تجربه و احساس مردم را در کنار یکدیگر قرار دهد.

به نظر جف بزوس، مدیر نام‌آور آمازون‌دات‌کام، شرکتهایی مثل آمازون، ایی‌بی، گوگل و فیس‌بوک همگی یک خط‌مشی یا پلتفرم هستند. آنها گفتمان و تعامل را تسهیل می‌بخشند و این همان جوهره‌ی بازاریابی است.

تیلارد نیز روی این مسأله اتفاق نظر دارد، و می‌گوید: "پلتفرم محیطی آنلاین است که کاربر پسند بوده و تعاملات مردمسالارانه را ارتقا می‌بخشد."

گاهی برندها در همان سایت رسمی خود مبادرت به ایجاد اینگونه پلتفرمها می‌کنند. گاهی نیز سایتی مجزا را به این کار اختصاص می‌دهند و جامعه‌ی خود را بنا می‌کنند. به نظر من ارجح آن است که برندها، میزبان این جوامع در وب‌سایتهای رسمی خود باشند و باید شفافیت و دموکراسی را بر آنها حاکم کنند؛ به این معنا که پذیرای نظرات منفی در خصوص برند خود باشند. اگر ما به عنوان بازاریاب به هر عنوانی سعی در نفوذ سلطه‌جویانه و اداره‌ی این جوامع کنیم، آنگاه خطر اجتناب و پس‌زدن بسیار بالا خواهد رفت. لذا در نظر من، بازاریاب فردی است که کاملاً و صرفاً تسهیلگر باشد و اقدام به ایجاد یک پلتفرم کند و احتمالاً مجموعه‌ای قواعد را برای مصرف‌کننده ایجاد کند که او بتواند در آن پلتفرم مشارکت و تعامل کند، و در نهایت جریان ارتباطات میان مصرف‌کنندگان را تسهیل و روان‌سازی کند.

دو نظر متفاوت در حوزه‌ی بازاریابی قبیله‌ای وجود دارد، یکی که رهبری قبیله را هدف اصلی می‌شمارد و دیگری که بر مبنای ایجاد

سازمانهایی است که پلتفرمهای قبیله‌ای می‌سازند. اما نظر سومی را نیز می‌توان در این بین گنجاند.

به بیان بایلر (Bayler)، مردم مشکلی با تعامل و برقراری گفتمان ندارند. به گمان وی آنچه که بیشتر در نظر مصرف‌کننده‌ی مدرن امروزی حائز اهمیت است و برای او جذاب خواهد بود، روایت‌گویی روزانه درباره‌ی خودشان است.

این نظر ارتباط تنگاتنگی با نظرات یکی از جامعه‌شناسان شهیر به نام آنتونی گیدنز دارد که کاملاً اختصاصی در کتابش، "تجدد و تشخص"، بحث و بررسی کرده است. در این کتاب که پیش از پیدایش اینترنت به رشته‌ی تحریر درآمده است، گیدنز به بررسی چگونگی تأثیر جهانی‌سازی و افزایش دسترسی به رسانه بر احساس مردم نسبت به هویت خود می‌پردازد، تا آنجا که به همین خاطر افراد زمان زیادی از فعالیتهای اجتماعی خود را صرف اعتبارسنجی و پالایش احساس از خود و شخصیتشان می‌کنند. در دنیایی که در آن رسانه‌های اجتماعی همچون فیس‌بوک یک پدیده‌ی فرهنگی هستند. با این توضیحات، به نظر پیش‌بینی‌های گیدنز درست می‌آیند.

به بیان بایلر، هر وقت که توجه خود را معطوف به کمپین‌های تحول‌آفرین مدرن و موفق بازاریابی نظیر کمپین‌های لینکس (Lynx) و داو (Dove) می‌کنیم، متوجه اشتراکات آنها می‌شویم. یکی از این نقاط مشترک آن است که، این برندها مالکیت ارتباطات و گفتمان را حول موضوعی خاص به‌دست می‌گیرند. برای مثال، در کمپین داو به‌نام زیبایی حقیقی، این کمپین‌ها بسیار عملگرا و کارکردی هستند، و بر سودمندی بیش از سرگرمی تأکید دارند.

تعامل با قبیله‌ها

بایلر در بحث خود اشاره‌ای هم به کمپین نایک پلاس (Nike+) می‌کند،

سفیری موفق برای برند نایکی در جامعه‌ای پرشور و اشتیاق، که تمرکز آن ترغیب مصرف کنندگان برای اشتراک گذاری روایتهای خود از کارهای برجسته و شاهکارهایشان است. و یا برای مثال میهمانیهای برخی فروشگاههای زنجیره‌ای که در آن خانمها غذاهای دستپخت خود را به همراه می‌آورند و جشن قبیله‌ای به پا می‌شود.

بایلر اضافه می‌کند که، "در این میهمانیها فروش زیادی نمی‌کند اما به مصرف کنندگان خود این امکان را می‌دهد تا گرد هم آیند و از خود و تجربه‌هایشان روایت کنند و به این صورت در زیر چتر برند به باز تعریف و پالایش هویت خود بپردازند."

از این رو به نظر من وظیفه‌ی بازاریابی قبیله‌ای صرفاً تسهیل گفتمان و تعامل نیست بلکه، فراهم کردن امکان روایت‌گویی و داستانسرایی مردم از خود و برای یکدیگر است. به این صورت افراد می‌توانند تجارب خود را به اشتراک بگذارند و این ابزاری بسیار قدرتمند برای تعامل مصرف‌کنندگان با یکدیگر و با برند است.

نقش بازاریابی قبیله‌ای خواه تسهیل گفتمان و ارتباطات باشد، خواه رهبری قبیله‌ها و خواه فراهم کردن امکان به اشتراک گذاری تجارب، این بحث داغ و ابعاد آن همچنان ادامه دارد. با این حال می‌توان گفت که همگان بر سر این نکته اتفاق‌نظر دارند که: قبیله‌ها امروزه بخشی از دورنمای اجتماعی هستند، و سازمانها چنانچه بخواهند رقابت‌پذیر باشند باید روش و منش تعامل و مشارکت با آنها را بیاموزند.

بایلور اینگونه نتیجه‌گیری می‌کند که برندها انتخاب دیگری جز این ندارند. اگر بخواهند که از مصرف‌کننده عقب نیفتند باید با قبیله‌ی او تعامل و مشارکت کنند، و اگر بخواهند با این قبیله تعامل کنند باید کاری بسیار گیرا و جالب توجه کنند؛ این یعنی حرکت از رویکرد گفت‌وگو با مصرف‌کننده به گفت‌وگو از طریق مصرف‌کننده!

خود را برای پیوستن به قبیله‌های مدرن آماده کنید. شما به عنوان عضوی از قبیله دارای عزت و احترام خواهید بود، و افراد نیازهای خود را از طریق هم قبیله‌ایهایشان تأمین می‌کنند.

گفتار بیست‌وچهارم

بازاریابی ویروسی

استعاره‌ها در زندگی بشر کاربرد فراوانی دارند گاهی با یک استعاره‌ی کوتاه، حجم قابل توجهی از مطلب به مخاطب هدف منتقل می‌شود. شاید اساسی‌ترین نقش استعاره در خلاصه‌سازی است. از آن مهمتر، سبب می‌شود با این خلاصه‌سازی، در کسری از ثانیه، در ذهن تصویری داشته باشیم. پس از آن، ذهن می‌تواند به آسانی، به تجزیه‌وتحلیل بپردازد. موضوعات را عملیاتی کند. یکی از این استعاره‌ها، بازاریابی ویروسی است. در اینجا از "واژه" به سمت معنا حرکت خواهیم کرد.

می‌دانیم ویروس با چسبندگی به سلولها و تغییرات ژنتیکی که درآنها ایجاد می‌کند، سلول مربوطه را به کارخانه‌ی ویروس‌سازی تبدیل می‌کند.

کار بازاریابان در این شاخه از بازاریابی مانند گسترش ویروسهای بیماری یا ویروسهای کامپیوتری است. بازاریابی عبارت است از کسب خشنودی مشتری به شیوه‌ای سودآور به طور مستمر بهتر از رقبا با تکیه بر سه کلمه‌ی شناسایی، شناساندن، و خشنودی.

امروزه ابزارهای اساسی ترویج و ارتباطات برای شناساندن یک بنگاه اقتصادی و برندهای شرکت و محصولات آن، به شش دسته فروش

حضوری، بازاریابی حسی، چاشنیهای فروش، تبلیغات، بازاریابی مسقیم و روابط عمومی طبقه‌بندی می‌شوند. بازاریابی ویروسی را می‌توانیم ابزاری از روابط عمومی یا تبلیغات غیر مستقیم بدانیم؛ چون به این طریق ما تلاش می‌کنیم برای مصرف‌کنندگان جذابیتی ایجاد کنیم تا آنها خودشان نسبت به اشاعه و شناساندن ما به سایر مصرف‌کنندگان اقدام کنند.

بازاریابی ویروسی شاخه‌ای از بازاریابی است که در آن با استفاده از پتانسیل موجود در رسانه‌های اجتماعی مبتنی بر بستر وب برای آگاهی مصرف‌کنندگان از برند استفاده می‌شود.

بازاریابی ویروسی می‌تواند از ابزارهای مختلفی مانند گفت‌وگوهای روزمره، ویدئو کلیپ، کتابهای الکترونیکی، تصاویر، نرم‌افزارها، پیامهای متنی، سرویسهای رایگان، انتشار مقالات، تبادل لینک و... استفاده کند.

هدف‌نهایی بازاریابان در بازاریابی ویروسی خلق پیامهای ویروسی است که این پیامها مورد توجه افرادی قرار بگیرند که پتانسیل بالایی در استفاده از رسانه‌های اجتماعی دارند. برتری این شاخه از بازاریابی نسبت به شاخه‌های دیگر این است که پیام را خود مصرف‌کنندگان مانند ویروس پخش می‌کنند و فاصله‌ی زمانی میان انتشار پیام و دریافت آن از سوی مخاطب به طرز قابل توجهی کاهش می‌یابد و جالبتر اینکه این اشاعه‌ی ویروسی مانند با هزینه‌ی بسیار نازلی برای شرکت همراه است.

اما بازاریابی ویروسی نیز مانند هر پدیده و ابزار دیگر در کنار مزایای ویژه‌ی خود با کاستیها و معایبی همراه است که از جمله‌ی آنها می‌توان به کنترل پایین روی برند و دشواری سنجش و اندازه‌گیری اثربخشی و کارآیی آن اشاره کرد.

شروع بازاریابی ویروسی را می‌توان زمانی دانست که در اوایل دهه‌ی ۹۰ میلادی این عقیده شایع شد که ایده‌ها مانند ویروس گسترش می‌یابند. البته نظرات مختلفی وجود دارد که چه کسی برای اولین‌بار از عبارت

بازاریابی ویروسی استفاده کرد اما صاحب‌نظران بسیاری معتقدند که تیم دری‌پر (Tim Draper)، فارغ‌التحصیل دانشگاه هاروارد، و جفری ریپورت (Jeffrey Rayport) استاد دانشگاه هاروارد برای اولین‌بار به صورت حرفه‌ای این شاخه‌ی جدید بازاریابی را مطرح کردند. در سال ۱۹۹۶، ریپورت کتابی با عنوان "شرکت سریع" نوشت که بخشی از این کتاب به مقاله‌ای تحت عنوان "ویروس بازاریابی" اختصاص یافته است. اما فردی که بیشترین کمک را به شکل‌گیری قالب‌ها و چارچوب‌های بازاریابی ویروسی کرد منتقدی به نام داگلاس راشکوف است. بر اساس نظریه‌ی راشکوف، مخاطبان مانند افرادی هستند که در معرض سرایت ویروس قرار گرفته‌اند و مستعد بیمار شدن هستند. هنگامی که ویروس یعنی همان پیام بازاریابی به فردی سرایت کند، وی به عنوان فرد ناقل، این ویروس را به سایر افرادی که با وی در ارتباط هستند منتقل می‌کند و بنابراین ویروس در مدت زمان کمی میان افراد زیادی شیوع می‌یابد.

پس از بررسی الگوریتم‌های مختلف در سال ۲۰۰۴، مفهومی با عنوان "کاربر آلفا" مطرح شد. با شناخت این کاربر، می‌توان اعضای کانونی کمپین‌های ویروسی را بخوبی تعیین کرد و اینجا است که بازاریابی ویروسی راه خود را از بازاریابی چریکی جدا می‌کند.

برای اینکه بتوان در بازاریابی ویروسی موفق بود باید پیام درست را از طریق پیام‌رسان درست و در محیط درست منتقل کرد. بنابراین سه اصل مهم در بازاریابی ویروسی عبارتند از:

۱- جذابیت پیام: هر چقدر پیام شما جذاب‌تر و به‌یادماندنی‌تر باشد سریع‌تر میان مخاطبان سرایت می‌کند و ماندگاری بیشتری هم خواهد داشت. اقداماتی نظیر خدمات متمایز- بهره‌مندی مالی- سرگرمی و تشخص، در جذاب کردن پیام تأثیر بسزایی دارند.

۲- پیام‌رسان: برای تبدیل یک پیام معمولی به یک پیام ویروسی به سه

پیام‌رسان نیاز داریم.

- **عشق خبرها**: کسانی که شیفته‌ی دریافت اخبار جدید هستند و برای انتقال پیام جدید به دیگران لحظه‌ای هم درنگ نمی‌کنند.
- **مرکز ثقل‌ها**: کسانی که در روابط اجتماعی خود افراد زیادی را می‌شناسند و نوعی مرکز ثقل به حساب می‌آیند.
- **فروشنده‌ها**: فروشنده‌ها میان عشق خبرها و مرکز ثقل‌ها قرار دارند. یعنی خبر را از عشق خبرها دریافت می‌کنند، آن را جذاب و شنیدنی می‌کنند و سپس برای انتشار بیشتر در اختیار مرکز ثقل‌ها قرار می‌دهند.

۳ـ **محیط خبر**: همان‌طور که تا محیط آماده نباشد، ویروسی منتقل نمی‌شود، برای انتقال پیام ویروسی هم باید شرایط و محیط مناسب را فراهم کرد تا مخاطب هر چه بیشتر با پیام درگیر شود.

بازاریابی ویروسی مانند سایر موارد بازاریابی مستلزم فلسفه، استراتژی و تاکتیک است و آنچه در بسترهای انتقال ویروسی مورد تأکید است، تغییر ذائقه است. مردم، و انسانها گاه در زندگی تکراری، به دنبال گریزی هستند تا از "تکرار" بپرهیزند. "هر که" و "هر چه" بتواند به آنها در این باره کمک کند، در رساندن پیام موفقتر خواهد بود. آدمها در زندگی روزمره به دنبال حرف تازه‌ای هستند، اگر این حرف تازه را نشنوند، به سراغ رسانه‌ها می‌روند تا حرف تازه‌ای بشنوند، و اگر نشنوند، شاید "روابط عمومی" بتواند این حرف تازه را به آنها تقدیم کند. "بازاریابی ویروسی" به احتمال در تغییر ذائقه‌هایی که آفریده می‌شود، قدرت و سرعت می‌یابد.

گفتار بیست‌وپنجم

بازاریابی ورزشی

نمی‌توان به طور دقیق گفت که ورزش از چه زمانی به طور رسمی در برنامه‌ی روزانه افراد گنجانده شد. اما از شواهد پیدا است که یونانیان باستان نخستین مردمانی بودند که با هدف ورزیده ساختن بدن پهلوانان و جنگاوران خود، ورزش را به گونه‌ای نظام‌مند و شبیه آنچه که امروز می‌بینیم درآوردند.

ورزش به عنوان یک محصول نیاز به یک برنامه‌ی مدون بازاریابی دارد. اهمیت بازاریابی ورزشی عمدتاً به دلیل قابلیت فراوان آن در سودآوری است، که البته مزایای آن به تولید ثروت منتهی نمی‌شود و منافع بسیاری از جمله نشاط، سرزندگی، و سلامت اجتماعی را نصیب جامعه می‌کند و به علاوه مردم را نسبت به اهمیت ورزش آگاه می‌کند. بازاریابان عرصه‌ی ورزش همچنین می‌توانند به درک نیازهای مشتریان ورزش کمک شایان توجهی کنند.

بازاریابی ورزشی درست مانند دیگر اشکال بازاریابی مستلزم برنامه‌ریزی، اجرای صحیح، انعطاف‌پذیری، و ارزیابی در طول هر کمپین بازاریابی است. البته وجه تمایز آن با دیگر انواع بازاریابی این است، که به هنگام بازاریابی

برای ورزشهای مختلف، باید ادراک عمومی نسبت به آن تیم ورزشی را لحاظ نمود. به معنای ساده‌تر این اذهان عمومی هستند که چگونگی بازاریابی برای تیمهای ورزشی را تعیین می‌کنند. بازاریابی ورزشی به نسبت دیگر اشکال بازاریابی منعطف‌تر، چابک‌تر و مردمی‌تر است، و با پیش‌بینی مشکلات به‌سرعت می‌تواند در راهبرد خود تجدید نظر کند.

در یک تعریف کلی بازاریابی ورزشی به مجموعه‌ای از فعالیتهای عمدتاً اقتصادی با درونمایه‌های فرهنگی اطلاق می‌شود که با هدف یافتن بازار مصرف کالا و خدمات ورزشی عمل می‌کند و جهت اصلی آن دستیابی به سودآوری و جلب اعتماد مصرف‌کنندگان در این حوزه است.

اشکال سه‌گانه‌ی بازاریابی ورزشی

بازاریابی ورزشی را می‌توان تحت سه عنوان و یا سه بخش درآورد:

- **بخش اول** تبلیغات ورزشی و رویدادهای مرتبط با ورزش مثل المپیک، لیگ فوتبال کشورهای مختلف، و... است.
- **بخش دوم** مربوط به استفاده از رویدادهای ورزشی برای تبلیغ و ترویج دیگر محصولات است که لزوماً نیز با ورزش مرتبط نیستند.
- **بخش سوم** به ترویج ورزش در میان عموم اشاره دارد تا بدین وسیله مشارکت آنها را در فعالیتهای ورزشی بالا ببریم، برنامه‌های پیاده‌روی خانوادگی همراه با اعطای جوایز را می‌توان از جمله نمونه‌های بخش سوم برشمرد.

بنابراین بازاریابی ورزشی زیرشاخه‌ای از علم بازاریابی است که تمرکز آن هم ترویج رویدادها و تیمهای ورزشی است و هم می‌توان از آن برای ترویج دیگر محصولات از طریق مجاری مرتبط با رویدادهای ورزشی (مثل نصب بیلیبورد در ورزشگاهها، پخش آگهی محصولات در نشریات و سایتهای اینترنتی ورزشی، و...) استفاده کرد.

برای آنکه یک کمپین بازاریابی ورزشی اثربخش را راه‌اندازی کنیم، می‌بایست ابتدا اهدافی را تعیین کنیم. این اهداف می‌بایست شامل برنامه‌ریزی، سازماندهی، و کنترل فعالیتهای بازاریابی باشد. برنامه‌ی بازاریابان ورزشی برای سال نخست فعالیت خود می‌بایست حول محور آگاه ساختن جامعه و افزایش دانش عمومی و نیز معرفی ورزش برای افرادی که هیچ دانشی نسبت به آن ورزش ندارند، و نیز مقایسه‌ی این ورزش با دیگر ورزشها، و بازاریابی برای اقشار و ملیتهای مختلف باشد. به گمان کارشناسان، برنامه‌های سه ساله می‌بایست دانش عمومی نسبت به تیمهای انفرادی یا گروهی ورزشی را بالا برند، و از سویی سودآوری تیم را افزایش دهند تا به این طریق به افزایش شهرت آن تیم کمک کرده باشند.

اهداف راه‌اندازی کمپین‌های بازاریابی ورزشی

بنابراین اساسی‌ترین هدف از راه‌اندازی کمپین‌های بازاریابی ورزشی، افزایش شهرت و نیز بالا بردن حمایت از تیمهای ورزشی است. هدف دوم نیز افزایش یا احیای منابع مالی و سودآوری تیمهای ورزشی است. و اما هدف اصلی سوم این کمپین‌ها آن است که خود را در ذهن مخاطبان جاودانه کنند.

از چه رسانه‌ای برای بازاریابی ورزشی استفاده کنیم؟

البته اگر از پس هزینه‌های تبلیغات تلویزیونی برآییم، این رسانه به دو دلیل فراگیری و تصویری بودن، بهترین روش برای ارتقا و ترویج ورزش و تیمهای ورزشی خواهد بود. البته این رسانه به نسبت دیگر رسانه‌ها بسیار گران است. اما اینترنت برخلاف تلویزیون، روشی مقرون‌به‌صرفه برای بازاریابی است، البته شاید اصلی‌ترین کاستی آن این باشد که گاه پیام ما به

درستی به مخاطبان هدف نمی‌رسد.

─── گفتار بیست‌وششم ───
بازاریابی با طعم فیلم

شاید بتوان سینما را مردمی‌ترین و محبوب‌ترین هنر عصر حاضر به حساب آورد. امروزه سینما کارکردی دوگانه در کسب‌وکار دارد، گاه خود به رسانه‌ای برای تبلیغات تبدیل می‌شود و گاه خود محصولی می‌شود که باید به فروش رود. صنعت سینما و فیلمسازی از سویی ابزاری شگرف در خلق ثروت و فرهنگ‌سازی در جوامع به شمار می‌رود. برای مثال شاید جالب باشد که بدانیم، حتی شرکتهای فیلمسازی آسیایی مثل شرکتهای کره‌جنوبی سالانه مبالغ چند ده میلیاردی از این صنعت نصیب خود و چرخه‌ی اقتصاد کشور می‌کنند و از طرفی میلیونها دلار نیز از راه صادرات فیلم کسب درآمد می‌کنند.

بازاریابی اما همچنان حلقه‌ی مفقوده‌ی اتصال مخاطب و صنعت در سینما است. امروزه برای نمایش فیلم و انتقال صحیح و فراگیر پیام فیلم به مخاطب، راهی جز بازاریابی وجود ندارد. البته اغلب فیلمهای پرفروش در سالهای اخیر متحمل هزینه‌های هنگفت برای پخش پیش‌نمایش فیلمها، و تبلیغات محیطی شده‌اند، اما اگر یک سازنده‌ی فیلم کوتاه بخواهد با هزینه‌ای اندک برای فیلم خود بازاریابی کند چه؟

شاید مرور تجارب موفق خارجی در این زمینه بتواند پاسخ چنین سؤالاتی را بدهد. یکی از تجارب موفق در این زمینه مربوط به فیلم پرفروش "پروژه‌ی جادوگر بلر" است. این فیلم در سال ۱۹۹۹ اکران شد و از همان ابتدا به اسطوره‌ای پرسود بدل شد. این فیلم با درون‌مایه‌های ترس، داستان سه دانشجوی رشته‌ی سینما را روایت می‌کرد که هنگام ساخت مستندی در خصوص موجودی شرور و افسانه‌ای به نام جادوگر بلر، مفقود شدند.

جادوگر بلر با بودجه‌ای بسیار اندک ساخته شد اما به مدد تبلیغات دهان به دهان، فروش چند صد میلیون دلاری را تجربه کرد. هر چند کمتر کسی حدس می‌زد که ماجرای این سه دانشجو و دوربین دستی آنها در سراسر جهان طنین‌انداز شود.

بسیاری موفقیت گیشه‌ای این فیلم را مرهون بازاریابی خلاقانه و کم‌هزینه‌ی آن در خلال جشنواره‌های فیلم مثل فستیوال کن می‌دانند. از سویی پیام فیلم و محتوای آن نیز متفاوت از محصولات مشابه بود، و لذا همین مسأله و اصل تمایز موجب شد تا پیام این فیلم دهان به دهان رد و بدل شود. اهمیت کمپین‌های ویروسی و تبلیغات دهان به دهان چه به صورت سنتی و چه از نوع تبلیغات غیرمستقیم تا آنجا است که حتی سازندگان فیلمهای بسیار پرهزینه‌ای مانند شوالیه تاریکی نیز واقف به آن هستند. در واقع این مردم هستند که بازاریاب اصلی فیلمها به شمار می‌روند.

به کارگیری نوآوری در ساخت و پرداخت فیلمها نیز می‌تواند به پر هیاهو شدن آن کمک کند، برای مثال فیلم آواتار ساخته‌ی جیمز کمرون از اولین فیلمهایی به شمار می‌رفت که روایتگر زندگی فرازمینی‌ها بود و یک نسخه‌ی ۳ بعدی نیز از آن تهیه شده بود. نسخه‌ی ۳ بعدی چیزی نیست که مردم بتوانند براحتی از آن چشم‌پوشی کنند. این همان اصلی

است که ست گودین بزرگ مطرح می‌کند: طوری عمل کنید که کسی نتواند چشمانش را از شما بدزدد.

از سویی شبکه‌های اجتماعی نیز رسانه‌ای محبوب و ارزان برای هدف‌گیری مخاطبان فیلمها هستند. برای نمونه فیلم بسیار محبوب فعالیت ماورای طبیعی (Paranormal Activity) که با بودجه‌ای بسیار اندک ساخته شده بود توانست به لطف شبکه‌های اجتماعی پیام خود را به سراسر جهان منتقل کند.

بازاریابی فیلم همیشه اصطلاحاً یک هنر سیاه بوده است. استودیوها معمولاً تبلیغات خود را یک ماه پیش از اکران فیلم شدت می‌بخشند، و پولهای هنگفتی را صرف پخش مسلسل‌وار تبلیغات خود از تلویزیون می‌کنند. اما فیلمهای جدید خیلی زودتر و با هزینه‌ی خیلی کمتر اقدام به راه انداختن کمپین‌های آگاهی بخش در شبکه‌های اجتماعی می‌کنند. استودیوی سازنده‌ی فیلم ماورای طبیعی ۴ (Paranormal Activity 4) با راه‌اندازی کمپین اینترنتی "می خواهمش"، به هواداران اجازه می داد تا درخواست اکران اول را در شهر و دیار خود در هر کجای دنیا مطرح کنند؛ ۲۰ شهر با بیشترین تعداد رأی‌دهی اولین کسانی بودند که فیلم را روی پرده‌های نقره‌ای سینماهای شهرشان می‌دیدند.

به هر ترتیب تکنیکهای بسیاری برای ترویج فیلمها وجود دارد. آنچه در پی می‌آید، مروری کوتاه بر ابزارهای ترویج و تبلیغ در صنعت نمایش است.

ابزار ترویج فیلم
۱- در سالنهای نمایش

● تریلر و یا پیش‌نمایش فیلم (Trailer) همان دموهای تبلیغاتی هستند که معمولاً خلاصه‌ای از جریان فیلم را در بر دارند، و پیش از اکران عمومی

فیلم برای معرفی و تبلیغ آن ارائه می‌شوند.

پیش‌نمایش فیلمها که به‌عنوان آگهی در سایتهای بارگذاری ویدئو و یا درون فیلمهای در حال اکران نمایش داده می‌شوند، را می‌توان به عنوان نقطه‌ی اتکا و سنگ بنای ترویج فیلمها به حساب آورد، چرا که این ابزار مستقیماً فیلم‌بین‌ها و سینماروها را هدف می‌گیرد.

تریلرها عموماً چکیده‌ای از کل خط داستانی فیلم را در یک اپیزود کوتاه به تصویر می‌کشند و عموماً بیش از دو دقیقه و نیم نیستند، بنابراین از اهمیت وافری در بازاریابی فیلمها برخوردارند. امروزه پدیده‌ی نوروسینما با بهره‌گیری از ابزار عصب‌شناسی بخوبی می‌تواند از پیش میزان اقبال مردمی به فیلمها را با دقتی بالا مورد ارزیابی قرار دهد. در حال حاضر بسیاری از کمپانی‌های مطرح فیلمسازی از این روش به‌منظور بهبود المانها و عناصر فیلم خود بهره می‌برند.

- پوستر فیلمها
- بازاریابی میدانی و خیابانی با ابزاری مثل ماکتهای در اندازه‌ی واقعی از بازیگران
- نمایشهای بازاریابی حسی با ابزاری مثل نمایشگرهای سه‌بُعدی با پخش صوت و حتی رایحه‌ی مخصوص

۲- در تلویزیون و رادیو

- توزیع‌کنندگان فیلمهای هالیوودی سالانه حدود ۴ میلیارد دلار برای پخش آگهیهای ۳۰ ثانیه‌ای تلویزیونی و درج آگهی در روزنامه‌ها هزینه می‌کنند. تلویزیون به دلیل آنکه همزمان صوت و تصویر را می‌تواند به خیل گسترده‌ای از افراد جامعه منتقل کند، ابزاری محبوب برای تبلیغات فیلم به شمار می‌رود.
- فعالیتهای روابط عمومی نظیر ترتیب دادن مصاحبه‌های رادیویی و

تلویزیونی با دست‌درکاران و بازیگران فیلم نیز از جمله دیگر اقدامات است.

- امروزه برخی شبکه‌های تلویزیونی نیز مثل اچ‌بی‌اُ (HBO) اقدام به تهیه و پخش پشت صحنه‌ای از فیلمهای اکران نشده می‌کنند، و برند آگاهی (Brand Awareness) قدرتمندی را در مخاطبان به‌وجود می‌آورند.

پخش تریلرها و تصاویر پشت‌صحنه از طریق فیلمهای کرایه‌ای و لوحهای فشرده (DVD) نیز از جمله فعالیتهای ترویجی فیلمها قبل از اکران رسمی به شمار می‌رود.

۳- در اینترنت

- تولید محتوا و بازاریابی با استفاده از تولید محتوا از جمله دستاوردهای اینترنت برای فضای کسب‌وکار است. فیلمها با تولید انواع مقالات و محتوای چند رسانه‌ای ضمن آموزش مفاهیم فنی و همه‌پسند، به‌گونه‌ای هوشمندانه تبلیغات می‌کنند.

ضمناً گاهی مقالاتی در موتورهای جستجو منتشر می‌شود که به ظاهر حاوی اخبار جالب است، اما در واقع این مقالات مملو از پیوندها و "ارجاعات ذهنی" (Mental references) به شخصیتهای فیلم، داستان فیلم یا محصولات مرتبط است، بهترین مثال از این دست شاید سری فیلمهای جیمز باند باشد که بخوبی از چنین شیوه‌هایی برای بازاریابی فیلم خود بهره برده است.

- ایجاد وب‌سایت اختصاصی برای فیلمها
- بازاریابی ویروسی: اقداماتی مثل توزیع رایگان پیش نمایش فیلمها در وب‌سایتهای مختلف و وب‌سایتهایی که کاربران فیلمهای خود را در آن بارگذاری می‌کنند. به تجربه ثابت شده که پیوند اینترنتی این پیش نمایشها بسرعت از طریق ایمیل و دیگر رسانه‌ها منتشر می‌شود.

- ایجاد کمپین بازاریابی اینترنتی و انجام تبلیغات پولی و بازاریابی در شبکه های اجتماعی

۴- تبلیغات چاپی
- درج آگهی در جراید، مجلات، و کتابهای تخصصی
- ترفیع و تبلیغ همزمان اصل کتابی که فیلم از آن اقتباس گرفته شده است و یا استخراج یک رمان از نمایشنامه‌ی فیلم و همچنین چاپ ویژه با جلد جدید مزین به عناصر فیلم مربوطه، مثل مورد سری فیلمهای ارباب حلقه‌ها.
- بروشورها و پوسترها

۵- بازارپردازی (Merchandising)
- برندسازی مشترک و یا تبلیغات مشترک، مثل کاری که در مورد سری فیلمهای جیمزباند با همکاری استون مارتین صورت گرفت.
- ارائه‌ی نمونه های ترویجی، مثل لیوانهای نشاندار اسباب بازی، تقویم، و... به مخاطبان

۶- تورهای ترویجی
حضور بازیگران، کارگردانان، و تهیه‌کنندگان فیلم در مصاحبه‌ها و برنامه های تلویزیونی، رادیویی، و مطبوعاتی، و گاه نمایش بخشهایی از فیلم برای مخاطبان.

دست‌درکاران فیلمها همچنین می‌توانند تورهایی را نیز به دیگر کشورها ترتیب دهند و فیلم خود را برای دیگر فرهنگها تبلیغ کنند.

گفتار بیست‌وهفتم

بازاریابی سیاسی

راهبردهای بازاریابی برای یک کاندیدای سیاسی یا حتی یک مبحث سیاسی شباهت بسیاری به بازاریابی یک کالا یا خدمت دارد. در بازاریابی کسب‌وکار، فروشندگان، کالاها، خدمات، و ارتباطات (تبلیغات) را روانه‌ی بازار می‌کنند و در عوض پول (از طریق خرید مشتریان)، اطلاعات (از طریق تحقیقات بازار) و وفاداری مشتریان را دریافت می‌کنند. در مبارزات سیاسی نیز کاندیداها، وعده‌ها، حمایتها، خط‌مشی‌ها و ویژگیها و برند شخصی‌شان را به رأی‌دهندگان عرضه می‌کنند و در مقابل، آرا و کمکهای داوطلبانه آنان را دریافت می‌کنند.

تبلیغاتچی‌ها که در دنیای سیاست عموماً سازمانهای سیاسی، مثل اردوگاه تبلیغاتی کاندیداها هستند باید رأی‌دهندگان را نسبت به وجود یک مسأله هوشیار و یا نسبت به کاندیدای مطلوب خود آگاه کنند و از طرفی دلایلی قانع‌کننده را از اینکه چرا باید محصول سیاسی آنها خریداری شود، در اختیار بازارهای مشخص بگذراند. گرچه بازاریابی سیاسی شباهت فراوانی به بازاریابی مصرفی و حتی صنعتی دارد، اما این حوزه از بازاریابی از بسیاری از جهات منحصربه‌فرد است.

برندسازی (شخصی)

نامزدهای انتخاباتی، سازمانها و حتی مسائل سیاسی باید مانند شرکتها به برند تبدیل شوند. یک برندسازی ماهرانه مجموعه‌ای از ویژگیهای شناخت‌پذیر را به محصول و یا شرکت نسبت می‌دهد. برای مثال، جان مک کین از نامزدهای پیشین انتخابات امریکا در پی آن بود تا برند خود را به‌عنوان یک سیاستمدار "مستقل" فارغ از هرگونه وابستگی به منافع خاص، معرفی کند.

برخی احزاب نیز خود را به عنوان مدافعان ارزشهای انسانی و اخلاقی، مثل مساوات و صداقت معرفی می‌کنند و به برند خود جنبه‌ای انسانی می‌بخشند. نسبت دادن ویژگیهای انسانی و عاطفی به یک برند سیاسی از جمله تکنیکهای رایج و کارآمد در دنیای سیاست است.

روایت‌گویی

بیشتر تبلیغات سیاسی در صدد معرفی و توضیح کاندیداها یا مسائل سیاسی در قالب یک روایت و داستان هستند. گوش مردم همواره پذیرای ماجراها و قصه‌های شنیدنی محصولات، خدمات و یا حتی کاندیداها است. برای مثال باراک اوباما بخوبی دوران کودکی و پیشینه‌ی زندگی محقرانه‌اش را به عنوان فرزند یک مرد کنیایی‌تبار و یک زن امریکایی دستمایه‌ای برای معرفی خود به عنوان مردی از دل مردم قرار داد.

برای نمونه مستند سیاسی و تازه اکران شده‌ی: "۲۰۱۶ امریکای اوباما" را در نظر بگیرید. این فیلم از پرفروشترین مستندهای سیاسی تاریخ به شمار می‌رود و روایتی مستندگونه از زندگی باراک اوباما را نقل می‌کند. در آغاز فیلم دسوزآ، کارگردان فیلم، تجربیات خود را به عنوان یک دانش‌آموز هندی که به امریکا مهاجرت کرده است، روایت می‌کند و خود را با اوباما مقایسه می‌کند. ادامه‌ی فیلم در اندونزی روی می‌دهد، جایی که باراک

اوباما کودکی‌اش را با مادر و ناپدری خود در آنجا گذرانده است. در این حین یک روان‌پزشک در مورد آثار مخرب غیبت پدر در زندگی یک کودک سخن می‌گوید. سپس اوباما به هاوایی برمی‌گردد و بعد به دانشگاه می‌رود و فیلم در این قسمت ادعا می‌کند که اوباما در دانشگاه با چهره‌های ضداستعمارگری آشنا می‌شود. پس از آن اوباما به زادگاه پدرش، کنیا می‌رود.

دسوزآ، پدر اوباما را الگوی وی در دیدگاه‌های ضد استعماری وی معرفی می‌کند و می‌افزاید اوباما بر همین اساس "استثنا بودن امریکا" را که یکی از پایه‌های اصلی تمدن، فرهنگ، و هویت امریکا است، رد می‌کند و به آن اعتقادی ندارد. بر همین اساس دسوزآ معتقد است اوباما به این دلیل به دنبال "تغییر امریکا" است.

تأکید داستان‌گونه‌ی فیلم بر واژه‌ی تغییر به گمان بسیاری از کارشناسان اسم رمز فیلم در آستانه‌ی انتخابات است. این فیلم به‌رغم وارد کردن برخی انتقادات به اوباما، او را فردی موجه جلوه می‌دهد و برند اوباما را از آغاز تاکنون بخوبی روایت می‌کند. داستانگویی، موج جدیدی در بازاریابی برند است. داستان‌سرایی درباره‌ی یک برند، شیوه‌ای بسیاراثرگذار برای ترغیب مخاطبان به از آن خود ساختن یک پیام تبلیغاتی و ماندگار کردن آن در ذهن است.

بازاریابی روایتی شاخه‌ای از علم بازاریابی است که معتقد است داستان‌ها به انسان کمک می‌کنند که به معنی درستی از دنیای پیرامون خود دست یابند. بر اساس آموزه‌های بازاریابی روایتی، هر چقدر زمانه سخت‌تر و شرایط انسان‌ها دشوارتر شود، آن‌ها بیشتر تمایل پیدا می‌کنند که به داستان روی آورند.

داستان‌ها، به تجربیات ما سروشکل می‌دهند و قهرمانانی را در معرض دید ما قرار می‌دهند که نویدبخش آینده‌ای روشن هستند.

انتخاب درست بازار هدف

یکی از مؤلفه‌های منحصربه‌فرد بازاریابی سیاسی آن است که تبلیغاتچی‌ها باید با نهایت دقت مخاطب هدف خود را برای رساندن پیام انتخاب کنند.

هر چند که تمامی تبلیغاتگران می‌بایست یک گروه هدف را از طریق ویژگیهای جمعیت‌شناختی (سن، جنسیت، ملیت، درآمد، مذهب، و...) انتخاب کنند، اما تعداد کمی از بازاریابان بر سر از دست دادن یک گروه برای جذب یک گروه دیگر مخاطره می‌کنند. امروزه حامیان اقلیتها، مثل اقلیتهای نژادی و دینی از حمایت حداکثری مردم برخوردار می‌شوند واین یک پارادوکس جالب توجه است.

بازاریابی با استفاده از محتوا (Content Marketing)

اینکه برای موفقیت در بازاریابی، نیازمند به برقراری ارتباط با مشتری هستیم، واقعیتی است انکارناپذیر. اما پاسخ به این سؤال که چگونه ارتباط مذکور را باید ایجاد کنیم، احتمالاً برای شما جذاب باشد. بازاریابی با استفاده از محتوا یکی از جدیدترین روشهای برقراری این ارتباط با مخاطبان است.

این نوع بازاریابی، "یک تکنیک بازاریابی برای تولید و انتشار محتوای مرتبط و ارزشمند به منظور جذب، تصاحب و درگیر کردن جامعه‌ی هدف با هدف خلق ارزش از این جامعه" است.

بازاریابی با استفاده از محتوا از ابزار گوناگونی از جمله ویدئو، متن، ابزار بصری، و... بهره می‌برد. امروز برخی از شناخته‌شده‌ترین برندهای دنیا بخش قابل توجهی از بودجه‌ی بازاریابی و تبلیغات خود را بر روی این شیوه از بازاریابی سرمایه‌گذاری کرده‌اند. از جمله‌ی شرکتهای شناخته شده که از این تکنیک بازاریابی بهره برده‌اند می‌توان به پراکتراندگمبل، مایکروسافت، سیسکو سیستم و جان دِیر (John Deer) اشاره کرد. برای نمونه، سایت life goes strong پورتال محتوایی وابسته به پراکتراندگمبل

است. برندهای سیاسی نیز از این رهگذر بهره‌های فراوانی می‌برند. از جمله برای مثال در انتخابات اخیر امریکا استفاده از اینفوگرافیکها رونق فراوانی یافت.

واژه‌ی اینفوگراف (Infographic) خلاصه‌ای از Information Graphic است. ابزاری که دو هدف عمده را پوشش می‌دهد:

- کمک به نمایش سریع، واضح و زیبای ایده‌های پیچیده
- نشر اطلاعات و داده‌ها به صورت بصری و سهل‌الوصول

برای مثال رامنی در یکی از اینفوگرافیکهای بسیار مشهور، مخارج سنگین اوباما و تحمیل آن به خانواده‌های امریکایی را به چالش کشید، و یا انتشار اینفوگرافیکی از مسائل حساس و مورد توجه برای شهروندان امریکا نظیر میزان بدهی ملی، قیمت سوخت، تعداد نیروهای ارتش در عراق، و... موجب برانگیختن احساسات ضد اوبامایی شد.

به‌طور کلی استفاده از تبلیغات مقایسه‌ای شیوه‌ای بسیار رایج و اثربخش در بازاریابی سیاسی است، در این میان اینفوگرافیکها ابزاری بسیار موثر و کارامد به شمار می‌روند.

پیام (شعار) تبلیغاتی

برخی از کاندیدها تمام قوای خود را معطوف به تخریب و ترور آشکار شخصیتی رقیب می‌کنند، حال آنکه برخی نیز با انتخاب شعارهای بجا و زیرکانه بخوبی پیغام مورد نظر را به گوش مخاطب می‌رسانند. برای مثال شعار جمهوری‌خواهان در انتخاب امریکا این بود که، 'اوباما شخص بدی نیست بلکه، رئیس جمهور بدی است."

انتخاب رسانه‌ی مناسب برای انتقال پیام

اولین نکته آن است که پس از انتخاب یک پیام درست آن را از طریق یک

رسانه‌ی مناسب و به دفعات و البته به گونه‌ای قاعده‌مند و به وقت انتقال دهید. برخلاف اعتقاد عوام، فراوانی به معنای بمباران تبلیغاتی نیست بلکه، به این موضوع اشاره دارد که چند تحلیلگر، گزارشگر، بلاگ‌نویس و دیگر اثرگذاران بر برند در روایتها و مطالب خود از شما به عنوان یک فرد قابل اطمینان و متخصص یاد می‌کنند. نکته‌ی دیگر تعامل با پیامها و بازخوردهای مخاطبان است که باید در نهایت دقت و سرعت پاسخ داده شوند؛ چرا که یک ارتباط به مثابه یک خیابان دوطرفه است.

از سویی نظرات و دیدگاههای مخاطبان نسبت به شما می‌تواند نوعی تبلیغات دهان‌به‌دهان را موجب شود. تبلیغات دهان‌به‌دهان بی‌اغراق اثربخش‌ترین ابزار تبلیغاتی است و البته یک تیغ دو لبه است که می‌تواند در صورت منفی بودن شما را به کل از میدان رقابت خارج کند. محتوای تولیدشده‌ی مخاطبان در خصوص شما و برند شما در محیطهای مجازی نوعی تبلیغات دهان‌به‌دهان دیجیتال است که خود پدیده‌ای جدید و بسیار اثربخش در بازاریابی است.

مسأله‌ی دیگر در انتخاب رسانه، بحث همه‌جاگیری و فراگیر بودن رسانه است. از انتقال استراتژیک پیام خود از طریق همه‌ی کانالهایی که مورد توجه و نظر مخاطبان کلیدی است اطمینان حاصل کنید و هیچ‌گاه از یاد نبرید که عصر عصر رسانه‌های اجتماعی است!

بازاریابی چهره‌به‌چهره و روابط عمومی

به گزارش مجله‌ی نیویورک مگزین (New York Magazine)، یکی از دلایل عمده‌ی پیروزی اوباما در کارزار انتخاباتی بحث ارتباطات قوی و حضور در مجامع عمومی است. وی حتی در اقدام اخیر خود حدود نیم‌ساعت در محل یکی از رسانه‌های اجتماعی به نام ردیت (Reddit) حضور یافت، و به سؤالات کاربران پاسخ گفت.

در بحث بازاریابی باید کم‌کم از مفاهیم سنتی روابط‌عمومی برای دسترسی به مخاطبان اصلی، مثل حضور در نمایشگاه‌ها، کنفرانس‌های خبری، ملاقات با خبرنگاران فاصله گرفت، البته این به معنای بی‌اثر بودن این استراتژی‌ها نیست بلکه، منظور در انداختن طرحی نو در این مقوله است. برای مثال برخی نامزدها متعهد به انتشار تمامی احکام و اعلانات دولتی می‌شوند. شفافیت به معنای آن است که نباید چیزی را از چشم مشتری خود پنهان کنید. این کار هرچند دشوار اما یک رابطه‌ی برد- برد و حس اعتماد را در میان برندها و مشتریانشان برقرار می‌سازد.

گفتار بیست‌وهشتم
مروری بر قدرت بازاریابی سیاسی در فیلم "نه"؛
(رویدادهای شیلی: پینوشه و آلنده)

کشور شیلی واقع در کرانه‌های پایین‌دست امریکای جنوبی اوایل دهه‌ی ۷۰ میلادی شاهد بروز رویدادهای تاریخ‌سازی بود. در این سالها ارتش تا بن دندان مسلح شیلی طی کودتایی به رهبری ژنرال آگوسته پینوشه توانست آلنده را از مقام ریاست جمهوری خلع و پینوشه را بر مسند قدرت گذارد. بالاخره پس از گذشت بیش از یک دهه این ژنرال خودکامه در پی افزایش فشارهای جامعه‌ی جهانی به برگزاری یک همه‌پرسی برای نظرسنجی عمومی در مورد مشروعیت خویش تن درداد.

این رفراندوم دو پاسخ بیشتر نداشت؛ "آری" یا "خیر" به دیکتاتوری جنگ‌سالاری که در دوره‌ی زمامداری وی بیش از ۲۳۳ هزار نفر شیلیایی ناپدید و یا تبعید شده بودند.

ژنرال هیچ واهمه‌ای از برگزاری این همه‌پرسی نداشت؛ چرا که بسیاری از مسائل دشوارتر را پشت سر گذاشته بود و با انجام اصلاحات گسترده اقتصادی به سبک میلتون فریدمن به تصور خود توانسته بود کشور را به مرز خودشکوفایی رساند.

داستان پرفراز و نشیب حرکت شیلی به سمت مردم‌سالاری، ماجرایی است که دست‌مایه‌ی یک فیلم تازه اکران شده به نام "نه" قرار گرفته است. در واقع "نه" جنبشی اعتراضی و کارزاری انتخاباتی بر علیه سیاست‌های پینوشه بوده است. اما دستاوردهای این فیلم برای بازاریابی سیاسی چیست؟

همان‌طور که گفته شد، پینوشه به ظاهر هیچ واهمه‌ای نسب به نتیجه‌ی همه‌پرسی نداشت، اما او حساب یک چیز را نکرده بود و آن یک کمپین تبلیغاتی کوبنده بود که در نهایت بساط دیکتاتوری وی را برچید.

"نه" روایتگر ماجرای ائتلاف گروهی از جوانان است که رهبری آن را یک تبلیغاتچی جوان بر عهده دارد. جنبش "نه" در واقع یک مبارزه‌ی انتخاباتی مخالف پینوشه بود. در مقابل نیز جبهه‌ی "آری" متشکل از موافقان پینوشه قرار داشتند.

سردمدار جنبش تبلیغاتی "نه" بر عهده‌ی فردی بود که سال‌ها با فعالیت در یک شرکت تبلیغاتی مدت‌های مدیدی را صرف ساخت تبلیغات گوناگون بویژه آگهی‌های مربوط به نوشیدنی و نوشابه کرده بود. در واقع، تبلیغات اصلی‌ترین سلاح در دست مخالفان پینوشه بود و در مقابل، دوستداران ژنرال به انواع سلاح و تجهیزات مجهز بودند. از نظر رهبر جنبش "نه"، این کارزار انتخاباتی نه یک کمپین سیاسی بلکه، به مثابه معرفی و عرضه‌ی یک محصول تازه و ناشناخته بود.

کمپین تبلیغاتی "نه" می‌توانست هر هفته برنامه‌ای ۱۵ دقیقه‌ای را در تلویزیون شیلی نمایش دهد، البته این تنها یک ژست تبلیغاتی برای دیکتاتور شیلی به شمار می‌رفت.

اما تکنیک‌های تبلیغات سیاسی به کار رفته در کمپین تبلیغاتی "نه" در نهایت خزان دیکتاتوری شیلی را رقم زد. تا پیش از راه افتادن این کمپین هیچ کس گمان نمی‌کرد که حکومت پینوشه روزی به پایان عمر خود نزدیک شود.

چگونه کمپین سیاسی "نه" پیروز شد؟

کمپین تبلیغاتی سیاسی "نه" در واقع گوهری گرانبها را به مردم غم‌زده شیلی می‌فروخت؛ شادکامی. پیام کمپین "نه" این بود: "به شادی رأی دهید". بدین‌رو، با وجود آنکه پیشنهاد بسیاری از مخالفان این بود که در فرصت ۱۵ دقیقه‌ای به نمایش جنایتهای تاریک رژیم پینوشه پرداخته شود، اما استدلال این بازاریاب خوش قریحه چنین بود که همه‌پرسی موضوعی است که آینده را رقم می‌زند، پس ما را چه کار به گذشته! بنابراین او با چاشنی کردن عنصر امید و شادی در ویدئوهای تبلیغاتی خود توانست جریان انتخابات را به نفع طرفداران دموکراسی تغییر دهد.

نقطه‌ی قوت سازنده‌ی این کمپین (گارسیا برنال) این بود که او به دور از سیاست‌زدگی کوشید تا محصول آزادی را با یک بسته‌بندی زیبا و ساده به مردم عرضه کند. او فروشنده بود و توانست محصولی را که تا آن زمان خریداری در میان مردمان شیلی نداشت (مردمسالاری) به قیمت رأی مساعد مردم بفروشد. محصول تبلیغاتی "جنبش نه" تلاش داشت تا تصویری متفاوت و شاد به مردمان این کشور ارائه دهد که در صورت خرید، محصول آنها همان آزادی و مردمسالاری بود، اما این کمپین با علم با مباحث روز بازاریابی تلاش کرد تا بیشتر محصولات مکمل خود (امید و شادکامی) را پررنگ کند تا از این رهگذر به فروش بیشتر (آرای بیشتر) دست یابد.

نتیجه‌ی این کمپین به دور از تصور بود و موجب شد تا بیش از نیمی از شیلیایی‌ها به جنبش "نه" پاسخ آری بگویند.

امید بفروشیم

فیلم تازه اکران "نه" تصویرگر دموکراسی در قاب بازاریابی است، از این رو تماشای این فیلم آثار آموزنده‌ی بسیاری را برای اهالی بازاریابی بویژه فعالان در عرصه‌ی بازاریابی سیاسی و اردوگاههای تبلیغات انتخاباتی به بار خواهد

داشت.

ماجرای مبتنی بر واقعیت این فیلم نشانگر تأثیر شگرف فعالیتهای تبلیغاتی و سیاسی غیرمخرب بر تغییر روندهای سیاسی است. کمپین تبلیغاتی "نه" مروج و مبلغ چیزی بود که ست گودین از آن با عنوان "فروش نامحدود امید" یاد می‌کند.

به بیان ست گودین بازاریابان نه کالا می‌فروشند و نه خدمات بلکه، آنچه که در واقع باید بفروشند امید و آرزو است. ارتقای احساسات مثبت اساس و جوهره‌ی تبلیغات است. افکار مثبت موجب تحریک مثبت مغز مصرف‌کنندگان و مخاطبان و در نتیجه ترشح برخی هورمونها از جمله دوپامین و سروتونین می‌شود.

بنابراین وظیفه‌ی نخست فروشندگان و بازاریابان بویژه در میدان انتخابات و فعالیتهای مرتبط با بازاریابی سیاسی این است که امید و نوید شادکامی را بفروشند، کاری که برای مثال کوکاکولا با کمپین شادی انجام داد؛ چرا که نیازهای انسان نامحدودند، و امید نیز منبعی پایان‌ناپذیر است. فروش امید تاکتیکی کارآمد در بازاریابی سیاسی است و موجب افزایش بهره‌وری و اثربخشی تبلیغات سیاسی می‌شود.

گفتار بیست‌ونهم
بازاریابی گردشگری

خستگیها و کسالتهای ناشی از روزمرگی و یکنواختی از جمله موانع حرکت آدمی به سمت رشد و تعالی هستند. پیشرفتهای صنعتی و فنی، هویت انسانی را کمرنگ ساخته و استرسها و تنشهای عصبی ارمغان عصر جدید به شمار می‌روند. سفر و گردشگری را می‌توان پادزهر روزمرگی و راهی برای درمان بیماریهای بشر دانست. سفر به غیر از آثار نشاط بخش و تجارب عبرت آموز، می‌تواند به ما در یافتن استعدادها و نقاط قوت و ضعفمان یاری رساند.

از طرفی صنعت گردشگری که با عنوان صنعت بدون دود شناخته می‌شود، یکی از برجسته‌ترین و پربازده‌ترین فعالیتهای فرهنگی و اقتصادی در دنیا است که می‌تواند ارزش افزوده‌ی بالایی تولید کند. توریسم مؤلفه‌ای حیاتی در بهینه‌سازی و تنظیم موازنه‌ی بازرگانی بوده و نقش مهمی در تولید ناخالص ملی کشورها ایفا می‌کند. گردشگری نقش مهمی در توسعه‌ی اقتصادی و اجتماعی کشورها ایفا می کند. توسعه‌ی گردشگری یکی از روشهای نسبتاً کم‌هزینه برای ایجاد اشتغال است و همین امر موجب آن شده که توریسم یکی از بزرگترین کارفرمایان جهانی باشد؛ اگر نگوییم که

بزرگترین است. ایجاد همبستگی و صلح جهانی و نیز وفاق ملی، تقویت روحیه و شکوفایی استعدادها را نیز می‌توان از جمله آثار مثبت اجتماعی آن برشمرد.

درست همانند یک تکه جواهر قیمتی یا هر چیز دیگری، کشورها نیز باید برای خود بازاریابی کنند. کشورها (مقاصد گردشگری) را می‌توان از یک بعد به عنوان محصولی در نظر گرفت که گردشگران مخاطب هدف آن بوده و فروش غایت آن به شمار می‌رود. بنابراین اگر دولتها بر آن هستند تا از منافع متعدد ورود توریست به کشور خود بهره‌برداری کنند، می‌بایست با یک برنامه‌ی جامع بازاریابی و انجام تحقیقات بازاریابی و تحلیلهای مورد نیاز، جریان ورود بازدیدکنندگان را حفظ و ارتقا دهند.

بازاریابی گردشگری کاری ساده‌ای نیست و بازار پر رقابت کنونی، تمایز را به امری دشوار بدل ساخته است. چشم‌اندازهای زیبا، سواحل چشم‌نواز و یا فرهنگ بومی و سایت‌های تاریخی از جمله پیشنهادات منحصربه‌فرد فروش برای مقاصد گردشگری به‌شمار می‌رود. صرف نظر از موهبت‌های طبیعی، فرهنگی و یا انسان ساخت، رفتار صحیح و پرهیز از ارائه‌ی اطلاعات نادرست به بازار هدف از جمله پیش فرض‌های دستیابی به اعتبار و آوازه‌ی بلندمدت در صنعت گردشگری است. به دنیا لبخندی محبت‌آمیز تحویل بدهیم و شاهد نتایج مثبت آن در اقتصاد گردشگری باشیم. در ادامه با برخی از تکنیکهای خلاقانه بازاریابی گردشگری و کمپین‌های تبلیغاتی مربوطه آشنا می‌شویم.

تبلیغات دهان به دهان آنلاین

کانادا کشوری پهناور و چند فرهنگی و البته با محیط‌های متنوع طبیعی در شمال قاره‌ی امریکا است. مساحت کانادا می‌تواند ۶ کشور به وسعت ایران را در بر گیرد، بخش زیادی از خاک یخ‌زده و نزدیک به قطب شمال این

کشور تقریباً خالی از سکنه است. این کشور مواهب طبیعی فراوانی دارد. آبشارهای متعدد از جمله عریض‌ترین آبشار جهان، نیاگارا، مردابهای زیبا، جزایر چشم‌نواز، جنگلهای همیشه سبز و جنگلهای برگ‌ریزان، دریاچه‌های مملو از ماهی و حیات وحش بکر و کوهستانهای سر به فلک کشیده از جمله جاذبه‌های فراوان کانادا هستند. این کشور بتازگی یک کمپین تبلیغاتی نوآورانه در راستای ترویج صنعت توریسم خود راه‌اندازی کرده است. نام این کارزار تبلیغاتی، 'کانادا از دریچه‌ی دید کاناداییها' است و با استفاده از ابزارها و رسانه‌های تبلیغاتی مختلف از جمله سایتهای اینترنتی، شبکه‌های اجتماعی، شبکه‌های اشتراک ویدئو، روابط عمومی، فیلم و تیزر این کشور را به عنوان یک مقصد گردشگری اصیل و متنوع معرفی می‌کند.

اداره‌ی سفر و گردشگری کانادا برای راه‌اندازی این کمپین بزرگ از عموم کاناداییها درخواست کرده بود تا تصاویر و فیلمهای خود را از ماجراجوییها و سفرهایشان در قلب کانادا با جهانیان به اشتراک بگذارند. این سازمان پس از دریافت ۸۲۰۰ فیلم و مجموعاً ۶۵ ساعت تصویر توانست در نهایت یک فیلم تبلیغاتی بسیار منحصربه‌فرد و واقعی از زیباییها و مواهب گردشگری کانادا تهیه کند. به علاوه نقطه‌ی قوت این کمپین سهیم کردن جامعه‌ی محلی در آن بود، همان‌طور که می‌دانیم دخیل بودن جوامع بومی در فعالیتهای گردشگری از جمله راهکارهای دستیابی به توسعه‌ی پایدار در این صنعت است و می‌تواند موجب بسط و تقویت ارتباطات و وفاداری آنها به برند کشور خود شود.

کدهای پاسخ فوری (QR) در خدمت بازاریابی گردشگری

کدهای کیوآر (QR) مخفف عبارتی به معنای پاسخ فوری (Quick Responses) هستند که امروزه بخوبی در عرصه‌های مختلف کسب‌وکار به کار می‌روند. کدهای کیوآر (QR) نوعی بارکدهای دوبعدی هستند که می‌توان اطلاعات

آنها را از طریق گوشیهای همراه هوشمند استخراج کرد. اسکن یک کد کیوآر (QR) روی محصولی خاص می‌تواند اطلاعات گرانبهایی از آن را در اختیار ما قرار دهد.

این کدها دامنه‌ی کاربرد فراوانی دارند و تأثیر عمده‌ای بر تبلیغات، بازاریابی و خدمات به مشتریان دارند؛ چرا که حجم مناسبی از اطلاعات مناسب را در زمان مناسب در اختیار مصرف‌کنندگان قرار می‌دهند. صنعت توریسم نیز می‌بایست همپای با دیگر صنایع و برندها در زمینه‌ی استفاده از فناوریهای نوین گام بردارد و از تکنولوژی به‌منظور ارتقای خدمات بازاریابی بهره ببرد.

گوشیهای همراه برای مثال امروزه از جایگاهی حائز اهمیت در گردشگری برخوردارند؛ چرا که دردسترس‌ترین رسانه‌ی تبلیغاتی در اختیار مخاطبان هدف هستند. مسافران از گوشیهای همراه خود چه قبل، چه در حین و چه پس از سفر خود استفاده‌های بسیاری می‌کنند.

سازمان گردشگری پرتغال بتازگی یک کمپین تبلیغاتی مبتنی بر کدهای کیوآر (QR) را راه‌اندازی کرده است. این کدها روی مناطق دیدنی و ساختمانهای تاریخی شهر لیسبون نصب شده‌اند و به سادگی و با استفاده از یک گوشی همراه و با اسکن این رمزینه‌ها می‌توان اطلاعات ارزشمند بسیاری را از محل مورد بازدید به دست آورد. همچنین می‌توان اطلاعات فراوانی را در خصوص کسب‌وکارهای محلی و فرهنگ بومی مناطق تنها با یک اسکن ساده روی گوشی خود به دست آورد. این فناوری در شهرهای دیگر دنیا از جمله نیویورک و پاریس نیز به کار رفته است و نتایج قابل توجهی را به بار آورده است.

بهره‌برداری خلاق از بحرانها در صنعت توریسم

بلایای طبیعی، جنگ و تروریسم از جمله چالشهای جدی پیش روی

صنعت گردشگری بوده و تهدیدی اساسی برای حیات آن به شمار می‌روند. در شرایط متلاطم دنیای امروز، مدیریت بحران با چاشنی خلاقیت از جمله ضروریات بازاریابی گردشگری به‌شمار می‌رود.

در ماه مارس ۲۰۱۱ یک سونامی بسیار بزرگ سواحل ژاپن را در هم کوبید و خسارات تصورناپذیری بر جای گذاشت. یکسال بعد، پیامدهای این حادثه موجب افت ۲۶ درصدی صنعت توریسم ژاپن شد. دست‌درکاران صنعت گردشگری در ژاپن تصمیم گرفتند تا تصویر مخدوش‌شده‌ی سرزمین آفتاب را بهبود ببخشند. ژاپن در همین راستا به تولید یک نرم‌افزار هوشمند کاربردی برای اشتراک تصاویر پرداخت. گردشگران در ازای دریافت اینترنت بی‌سیم رایگان، باید تصاویر خود را از کشور ژاپن روی شبکه‌های اجتماعی به اشتراک می‌گذاشتند، این خدمت کاملاً تعامل محور هم به سود گردشگران و هم به سود کشور بود و موجب شد که تصاویر پر تعداد موجود از ژاپن بلازده و درگیر سونامی با تصاویر شاد و جذاب جایگزین شود.

بسیاری از ما ژاپن را کشوری صنعتی، بلاخیز، و فاقد جاذبه‌های توریستی تصور می‌کنیم، مسئولان ژاپنی با درک انگاره‌ی موجود افراد از این کشور در خبری تعجب‌آمیز اعلام کردند که ده هزار نفر را به‌صورت رایگان به‌عنوان توریست می‌پذیرند. سخاوت ژاپنی‌ها توانست نگاه‌های بسیاری را به خود جلب کند و تصویر ذهنی بازدیدکنندگان را از کشور ژاپن اندکی تلطیف کند.

امروزه گردشگری موسوم به توریسم سیاه (Dark Tourism) بسرعت در حال گسترش است. این نوع خاص از گردشگری مؤید امکان بهره‌برداری بهینه از فرصتهای نهفته در دل تهدیدات است. مناطق جنگ‌زده، شهرهای مصیبت‌زده، زندانهای مخوف و گورستانهایی که گاه لرزه به تن آدمی می‌اندازند، همه و همه از مقاصد نامعمول توریسم سیاه به شمار می‌روند.

برنامه‌ریزی برای جذب گردشگر در بازاری که به سادگی نمی‌توان در آن عرض اندام کرد سبب به‌کارگیری خلاقیت در طراحی تورهای جدید و فاصله گرفتن از تورهای سنتی شده است.

گردشگری تلخ، دارای زیرمجموعه‌هایی از جمله گردشگری جنگ، گردشگری زندان و اسارتگاهها، گردشگری فقر و گردشگری مصیبت و بلا است.

ویتنام و تونلهای افسانه‌ای آن در طول جنگ با امریکا، هیروشیما و ناکازاکی، کمپهای کار اجباری نازیها، و یادمان برجهای دوقلو و آثار برجای مانده از خشم آتشفشان در پمپی ایتالیا از جمله سایتهای شناخته‌شده‌ی گردشگری تلخ بوده و منبع درآمدهای کلان مقاصد مربوطه هستند.

گفتار سی‌اُم

۱۰ فرمان بازاریابی گردشگری

سفر و گردشگری پدیده‌ای در سطح جهانی و به قدمت تاریخ بشر هستند. صنعت بدون دود، اصطلاحی که برای صنایع ثروت‌ساز گردشگری به کار می‌رود، تاریخ پرفراز و نشیبی را پشت سر گذاشته است. اما همزمان با شدت یافتن رقابت در فضای کسب‌وکار، توریسم نیز با چالشهایی جدی مواجه شده است. اما یک تهدید از دیگر تهدیدات پیش روی این صنعت بیشتر خودنمایی می‌کند: وفاداری مشتریان سفر روزبه‌روز کمرنگ و کمرنگ‌تر می‌شود.

طبق آمار اخیر یک مؤسسه‌ی تحقیقاتی (Deloitte)، در کشورهای غربی تنها ۱۴ درصد از مشتریان خطوط هوایی به ایرلاین‌ها وفادارند.

شگفت آنکه یافته‌های تحقیقات انجام گرفته حکایت از آن دارد که تنها ۸ درصد از مشتریان هتلها به برند آنها وفادارند. اوضاع دفاتر خدمات مسافرتی نیز کم و بیش به همین میزان بحرانی است. هر چند که صنایع فعال در گردشگری مبالغ کلانی را صرف برنامه‌های مشتری‌نوازی و ایجاد حس وفاداری به برند می‌کنند، اما حقیقت آن است که این قبیل برنامه‌ها عمدتاً در بهترین حالت تنها منجر به تکرار خرید می‌شوند، نه وفاداری

واقعی. بدین رو، این یافته‌ها حکایت از آن دارد که باید در استراتژیهای بازاریابی گردشگری تجدیدنظر شود.

مصرف‌کنندگان بخش توریسم امروزه فناوری را درک می‌کنند، به دنبال چانه‌زنی هستند و نسبت به مدلهای مدیریت درآمد و سیستم قیمت‌گذاری محتاط بوده و کاملاً حواسشان به دخل و خرجشان هست. حاصل و نتیجه‌ی بازار نابسامان کنونی و قیمتهای متغیر خدمات سفر، مشتریانی خواهد بود که بسختی اعتماد می‌کنند و به دنبال بهترین معامله هستند. انفجار اطلاعات و دسترسی بیشتر مصرف‌کنندگان به منابع اطلاعاتی به واسطه‌ی فناوری و ازدیاد گزینه‌های در دسترس برای مسافران، سازمانهای توریستی را با چالشی جدی و فضایی بشدت رقابتی مواجه ساخته؛ از این رو مشتریان نیز تمایل بیشتری به چانه‌زنی و مذاکره بر سر قیمت یافته‌اند.

اما این به معنای پایان خط برای سازمانهای توریستی نیست بلکه، در چنین فضایی فرصتهای بسیاری نیز کمین کرده‌اند و برندها با فرصت‌یابی می‌توانند به ارتقای میزان وفاداری مشتریان خود امید داشته باشند. راهکارهایی از قبیل شناخت و پرداختن به ریشه‌ها و علل کمرنگ شدن میزان وفاداری مشتریان، تمرکز برخشنودسازی و ایجاد تجربه‌ای خوشایند برای مشتری از ابتدا تا پایان فرایند فروش، نوآوری و ارائه‌ی مزایا به مشتریان وفادار، از جمله ساده‌ترین روشهای موجود برای حفظ رقابت‌پذیری به شمار می‌روند. ۱۰ راهکار پیشنهادی زیر نیز می‌تواند به ایجاد روابط و مناسبات بلندمدت و سازنده با مشتریان بینجامد:

۱ـ نقاط ضعفتان را تحلیل کنید

تمام برندهای گردشگری در راستای خشنودسازی مشتریان خود سخت تلاش می‌کنند. اما این به معنای آن نیست که جای بهبود وجود نداشته باشد. شناسایی چرایی و دلایل نرخ پایین وفاداری مشتریان دفاتر خدمات

مسافرتی می‌بایست در اولویت کاری برندهای گردشگری باشد. برخی از مهمترین دلایل بی‌وفایی مشتریان صنایع مسافرتی عبارت است از:
- سیستم قیمتهای شناور و متغیر
- مدلهای قیمت گذاری که مبالغ زیادی را به دلیل استفاده‌ی جزئی از خدمات دریافت می‌کنند.

۲- به حرف مشتریان گوش فرا دهید
نیازهای کلیدی مشتریان را استخراج کنید. برندهای گردشگری باید بدانند که مشتری می‌خواهد چه چیزی را از آنها خرید کند.

۳- اطلاعات، اطلاعات، و باز اطلاعات
پایگاههای داده، منبعی غنی برای شناخت مشتریان هستند. در این پایگاهها می‌بایست مشخصات کاری و فردی مشتریان ثبت شود و پیشنهادات فروش نه به صورت انبوه بلکه، به صورت متمرکز، هدفمند و سفارشی‌سازی شده برای آنها ارسال شود.

۴- اطلاعات درست در زمان درست
اطلاعات بویژه اطلاعات مرتبط با قیمت را یکپارچه‌سازی کنید و در زمان مناسب در اختیار کانالهای توزیع قرار دهید تا از نوسانات سلیقه‌ای قیمت جلوگیری شود.

۵- مشتری را در جریان بگذارید
هر چند که برنامه‌های سفر بسیار متأثر از تغییرات ناگهانی هستند، اما هیچ کس دل خوشی از این قبیل غافلگیریها ندارد. لذا هرگونه تغییر در برنامه‌ی سفر را به مشتری انتقال دهید.

برای این منظور از فناوریهای برخط برای ارتباط مؤثر و سریع با مشتری بهره ببرید، از جمله پنلهای ارسال پیامک.

۶- با زمان پیش بروید
شبکه‌های اجتماعی بویژه فناوریهای مرتبط با تلفن همراه امروزه پرتقاضاترین رسانه برای دریافت اطلاعات هستند، لذا کانالهای ارتباطی خود را روی این رسانه‌ها نیز تنظیم کنید.

۷- ارزش اطلاعات کاربردی و خدمات تکمیلی را فراموش نکنید
هسته‌ی محصول در گردشگری یکسان است و مهم نوع ارائه‌ی خدمات تکمیلی است.

بنابراین، مزیت رقابتی در این صنعت وابسته به خدمات اضافه نظیر شاتلهای فرودگاهی (سرویس حمل‌ونقل عمومی از هتل تا فرودگاه و بالعکس)، اتومبیلهای کرایه‌ای، بن‌های تخفیف فروشگاهی و مراکز دیدنی، تور دارای راهنما، بیمه‌ی سفر و... است.

۸- خدمات مشتری، همچنان حرف نخست را می‌زند
فروش همانند مسیری پرپیچ و خم است که می‌بایست در طول این مسیر و از مبدأ تا مقصد مشتری را همراهی کنیم. فروشندگان حرفه‌ای، کسانی هستند که در پیچ جاده سبقت می‌گیرند. فرهنگ حمایتگری را در کسب‌وکار خود نهادینه کنید و با ارائه خدمات عالی گوی سبقت را از رقبا بربایید.

۹- خلاق باشید
برنامه‌های وفاداری بسیاری از برندها مشابه یکدیگرند. بنابراین کمی چاشنی کردن نوآوری می‌تواند برگ برنده‌ی شما در بازار پر رقابت سفر و

گردشگری باشد.

جوایز غافلگیرکننده، یک تبریک ساده به مناسبت زاد روز تولد مشتری، تورهای لحظه آخری ارزان‌قیمت‌تر و خلاصه هر آنچه که بتواند مشتری را شاد کند، از نمونه‌های نوآوری در صنعت سفر هستند.

۱۰- بازخورد بگیرید

حتی پس از پایان سفر، مشتری را به حال خود رها نکنید. بازخوردها و نظرات مشتریان می‌تواند به بهبود فرایند بینجامند.

و نکته‌ی آخر: مهمتر از برنامه‌ریزی استراتژیک داشتن تفکر استراتژیک است. پس بسته به شرایط متغیر حاکم یک استراتژی انعطاف‌پذیر در بازاریابی را در پیش بگیرید.

فصل سوم

تبلیغات

گفتار سی‌ویکم
مروری بر انواع روشهای تبلیغات

تبلیغات شکلی از ارتباط است که با هدف ترغیب یا تشویق مخاطب برای اقدام به انجام کاری یا ادامه دادن روند قبلی انجام می‌شود. واژه‌ی ادورتایزینگ (Advertising)، از ریشه‌ای لاتین به معنای "سوق دادن ذهن به سمت چیزی" گرفته شده است.

در بحث تبلیغات ابتدا باید میان دو دسته از تبلیغات تمایز قائل شد: تبلیغات تجاری که به دنبال افزایش مصرف محصولات و خدمات هستند و در این راه از برندینگ استفاده می‌کنند و تبلیغات غیرتجاری که با هدف افزایش مصرف کالا صورت نمی‌گیرد بلکه، به دنبال ایجاد علاقه درباره‌ی موضوع خاصی مثل دین، سیاست و... هستند.

شروع تبلیغات به شکل مدرن آن به دهه‌ی ۱۹۲۰ و به تبلیغات تنباکو باز می‌گردد. در این دوره کمپین‌های ادوارد برنایز از شهرت و محبوبیت فراوانی برخوردار بودند و به همین دلیل از وی به عنوان پدر تبلیغات مدرن یاد می‌شود. در سال ۲۰۱۰، ۱۴۲/۵ میلیارد دلار در امریکا و ۴۶۷ میلیارد دلار در سرتاسر جهان صرف هزینه‌ی تبلیغات شد.

اینتر پابلیک (Interpublic)، اُمنی‌کام (OmniCom)، پابلیسیس (Publicis) و دبلیو پی پی (WPP) بزرگترین شرکتهای تبلیغاتی هستند که از آنها به عنوان چهار غول (big four) یاد می‌شود.

قدمت تبلیغات بسیار زیاد است. مصریان از پاپیروس برای ساختن پیامهای فروش و پوسترهای دیواری استفاده می‌کردند. نقاشی روی دیوار و صخره نیز شکل دیگری از تبلیغات در عهد باستان است که ریشه‌ی آن به هنر صخره‌نویسی در ۴ هزار سال قبل از میلاد مسیح در هند بازمی‌گردد. گفته می‌شود که تبلیغات بیرون از خانه و بیلبورد قدیمیترین شکل تبلیغات هستند.

در قرون وسطی شهرها شروع به گسترش کردند و نیاز به تبلیغات بسیار بیشتر شد اما از آنجا که جمعیت افراد با سواد در آن زمان بسیار کم بود، پیشه‌وران برای معرفی خود از اشکال مرتبط با شغل‌شان استفاده می‌کردند. مثلاً کفاشان از تصویر چکمه، خیاطان از تصویر کت، و آهنگران از تصویر نعل اسب استفاده می‌کردند.

با ارتقای سطح تحصیلات در جامعه و گسترش صنعت چاپ، تبلیغات در قرن ۱۸ به روزنامه‌ها وارد شدند.

روزنامه‌ی فرانسوی La Presse اولین روزنامه‌ای بود که توانست از راه تبلیغات پول‌سازی کند. درآمد حاصل از این تبلیغات باعث کاهش هزینه‌ها و افزایش سود این روزنامه شد.

خیلی زود دیگر روزنامه‌ها نیز راه این روزنامه‌ی فرانسوی را پیش گرفتند. در سال ۱۸۴۰ والنی پالمر اولین آژانس تبلیغاتی را تأسیس کرد که اگرچه به آژانسهای تبلیغاتی امروزی شباهتی نداشت اما می‌توان آن را اولین نمونه‌ی آژانسهای تبلیغاتی محسوب کرد. پالمر فضای زیادی را در روزنامه‌های مختلف با قیمت پایین خریداری کرد و سپس آنها را با قیمت بالاتر به تبلیغات کننده‌ها فروخت.

انواع تبلیغات

- **تبلیغات تلویزیونی**: تبلیغات تلویزیونی کارآمدترین شکل تبلیغات برای بازار انبوه است.

- **Infomercials**: این کلمه ترکیبی از دو کلمه‌ی commercial و information است.
در این نوع تبلیغات که معمولاً بیش از ۵ دقیقه به طول می‌انجامد، ویژگی‌ها و ابعاد مختلف یک محصول یا خدمت برای مصرف‌کننده تشریح می‌شود و سپس شماره تلفن یا نشانی وب‌سایت برای خرید در اختیار وی قرار می‌گیرد.

- **تبلیغات رادیویی**: هر چند رادیو به دلیل ماهیت آن فقط می‌تواند از صدا برای جلب نظر مخاطب استفاده کند اما طرفداران آن، این ویژگی را نه یک محدودیت بلکه، یک مزیت می‌دانند.

- **تبلیغات آنلاین**: هر نوع تبلیغی که در فضای مجازی صورت می‌گیرد.

- **تبلیغات پنهان**: وقتی محصول یا برند در رسانه‌ای که هدف آن تبلیغات به طور مستقیم نیست، ارائه می‌شود. به عنوان مثال، تام کروز در فیلم "گزارش اقلیت" به وضوح از گوشی همراه نوکیا یا ساعت بولگاری استفاده می‌کرد.

- **تبلیغات نشریه‌ای**: استفاده از روزنامه‌ها، مجلات و به طور کلی رسانه‌های مکتوب. این نوع تبلیغات یکی از قدیمی‌ترین اشکال آن است که مدت‌ها از عمر آن می‌گذرد.

- **تبلیغات بیلبوردی**: استفاده از سازه‌های بزرگی به اسم بیلبورد در خیابانها و میادین اصلی شهر.

- **تبلیغات فروشگاهی**: تبلیغاتی که در فروشگاههای خرده‌فروشی انجام می‌شود.

- **تبلیغات فنجانی**: درج تبلیغات روی فنجان یا لیوان و توزیع آن در حجم وسیع.

- **تبلیغات خیابانی (محیطی)**: مواردی از این نوع تبلیغات مانند دیوارنویسی با تبلیغات چریکی همپوشانی دارند.

- **تبلیغات سلبریتی**: استفاده از قدرت جذب افراد شناخته شده بویژه بازیگران، خواننده‌ها و فوتبالیستها. مثلاً شرکت کاسترول در تبلیغات خود از دیوید بکهام استفاده می‌کند یا آدیداس با لیونل مسی قرارداد بسته است.

- **تبلیغات ترویجی**: استفاده از تکنیکهای ترویجی بازاریابی برای ارتقای تصویر برند.

- **تبلیغات چتری**: دولتها معمولاً برای تبلیغات سیگار، و... محدودیتهایی وضع می‌کنند، از این رو شرکتهای تولیدکننده اقدام به تبلیغ آن برند خاص نمی‌کنند بلکه، اسم ژنریک خود را تبلیغ می‌کنند.

- **تبلیغات پیکسلی**: زیرشاخه‌ای از تبلیغات اینترنتی است که هزینه‌ی تبلیغات بر اساس تعداد پیکسلهایی که اشغال می‌کند، مصاحبه می‌شود.

- **تبلیغاتی چارچوبی**: گوگل اولین شرکتی بود که از تبلیغات چارچوبی استفاده کرد. در این نوع تبلیغات، موتورهای جستجوگر تبلیغات را بر اساس محتوای آنها به صورت خودکار انتخاب و رده‌بندی می‌کنند.

- **نوروادورتایزینگ**: پیشرفتهای صورت گرفته در نوروساینس باعث شده است که تبلیغات و بازاریابی برای نشان دادن توانایی خود در جذب مخاطب به این شاخه از علم روی آورند.

شرکتهایی مانند شرکت Innerscope نقشه‌هایی را با عنوان نقشه‌های درگیری به وجود آورده‌اند که تحلیل لحظه به لحظه‌ی پاسخهای عاطفی مخاطب به محرک رسانه‌ای است.

شرکتهای تبلیغاتی بزرگ و معتبری مانند ساچی اند ساچی نیز به قدرت احساسات در تصمیم‌گیری پی برده‌اند. گرت الیس، برنامه‌ریز ارشد ساچی اند ساچی در این باره می‌گوید: احساسات تصمیم‌گیرندگان سریعی هستند. احساسات غرایز ما را راهنمایی می‌کنند، اینکه برای چیزی بجنگیم یا آن را به حال خود رها کنیم.

منطق منجر به نتیجه‌گیری می‌شود، اما احساسات منجر به اقدام می‌شود و ما از مشتریان خود اقدام می‌خواهیم.

گفتار سی‌ودوم
اُگیلوی؛ تبلیغات به سبک مدرن

تبلیغات در قرن بیستم با مدرنیته آشنا شد. دیوید اگیلوی (David Ogilvy) از تأثیرگذارترین افراد در صنعت تبلیغات بود، مردی که به‌درستی لقب پدر تبلیغات مدرن را با خود همراه دارد؛ اگیلوی پلی بود میان تبلیغات کلاسیک و تبلیغات مدرن. عمده شهرت وی شاید مرهون جملات درس‌گونه‌ی او در خصوص تبلیغات باشد. البته وی پیش از آنکه در میانسالی وارد عرصه‌ی تبلیغات شود، به کارهای مختلفی اشتغال داشت، از آشپزی تا فروش انواع و اقسام کالاها.

اگیلوی بیش از هر چیزی به سادگی، صداقت و سهولت فهم تبلیغات اصرار داشت، با این حال اعتقاد داشت که هدف اصلی تبلیغات چیزی جز فروش نیست. اگیلوی تبلیغات خاطره‌ساز بسیاری را برای برندهای مطرح ساخته است. داستان زندگی پرفرازونشیب او حاوی نکاتی ارزنده برای اهالی بازاریابی است.

اگیلوی در سال ۱۹۳۱ به دلیلی که تاکنون نیز مشخص نشده است، از دانشگاه پرآوازه‌ی اکسفورد اخراج شد. اگیلوی هرگز مدرکی دانشگاهی

کسب نکرد، و این موضوع حاکی از آن است که برای اینکه بازاریابی برجسته باشیم، حتماً نیاز به دریافت مدرک دانشگاهی بازاریابی نخواهیم داشت. برای مثال می‌توانید به کتاب "رازهای تبلیغات" اثر اگیلوی با ترجمه‌ی علی فروزفر و کوروش حمیدی مراجعه کنید.

اگیلوی دانش خود را از راه بازارگردی و آزمون و تجربه‌ی مشاغل گوناگون به دست آورد، تا جایی که امروزه از او به‌عنوان یکی از بزرگترین و برجسته‌ترین بازاریابان تاریخ یاد می‌شود.

سالهای دور از خانه

اگیلوی پس از آنکه مدتی کوتاه به عنوان کمک آشپز در هتلی در پاریس مشغول فعالیت بود، رهسپار انگلستان شد و همکاری خود را با شرکت Aga cookers شروع کرد. این شرکت در زمینه‌ی فروش منزل به منزل اجاقهای خوراک‌پزی و فر فعالیت می‌کرد. این اولین تجربه‌ی اگیلوی در زمینه‌ی بازاریابی بود، او در این شرکت به پیشرفتهای بسیاری دست یافت، تا آنکه یک کتابچه‌ی راهنمای فروش را برای فروشندگان این شرکت تهیه کرد؛ کتابچه‌ای که به گمان فوربس، برترین راهنمای فروش تاریخ به شمار می‌رود.

اگیلوی مدتی بعد به درخواست خود از طرف این شرکت به امریکا رفت تا در مؤسسه‌ی تحقیقاتی گالوپ امریکا تجربه‌اندوزی کند. تجربه‌ای که از آن به‌عنوان عاملی بسیار تأثیرگذار در شیوه‌ی تفکر خود یاد می‌کند؛ چرا که او علاوه بر آنکه روشهای تحقیق را آموخت، توانست یافته‌های این پژوهشها را نیز عملیاتی کند و نتایج آن را به کار ببندد.

او در ده سال بعدی زندگی کاری خود و در خلال جنگ جهانی به خدمت سازمان اطلاعات بریتانیا درآمد و سپس با خرید مزرعه‌ای به کار کشاورزی پرداخت. اما این کار او را خوشنود نمی‌کرد و به همین دلیل

رهسپار نیویورک شد و آژانسی تبلیغاتی راه‌اندازی کرد. این آژانس (به نام Ogilvy&Mather) آگهی‌های زیادی را برای شرکتهای بزرگ از جمله رولزرویس، جنرال فودز، امریکن اکسپرس، شل، و... ساخت. لحظه لحظه‌ی فعالیت حرفه‌ای دیوید اگیلوی حاوی نکاتی ارزنده است که در زیر به گوشه‌ای از آنها پرداخته می‌شود:

۱ـ مادامی که تبلیغاتتان حاوی ایده‌ای بزرگ باشد، همچون قایقی در دل ظلمات شب قلب دریا را خواهد شکافت و به پیش خواهد رفت، هر چند که شک دارم، از هر صد کمپین تبلیغاتی حتی یکی حاوی ایده‌ای بزرگ باشد."

چنانچه یک کارزار تبلیغاتی ناموفق باشد، احتمالاً دلیل ناکامی آن فقدان خلاقیت و بلند همتی سازندگان باشد. فلسفه‌ی اگیلوی این است که در دنیای متوسط‌ها، باید با ایده‌ای بزرگ که توجه مردم را به خود جلب کند، از حد متوسط عبور کرد و به جمع بلندقامتان پیوست.

البته نباید داشتن ایده‌ای بزرگ را به عنوان ایده‌های پرهیاهو و بحث‌برانگیز تعبیر کرد بلکه، داشتن ایده‌ی بزرگ به معنای دیدن و عمل کردن به چیزی است که تا به حال کسی جز شما شجاعت لازم را برای مواجهه با آن نداشته است.

ایده‌های بزرگ عجیب و غریب نیستند، حتی متفاوت هم نیستند بلکه، متفاوت دیدن آنها است که این ایده‌ها را بزرگ می‌کند. برای مثال پیام تبلیغاتی که اگیلوی در آگهی بازرگانی که برای شرکت اتومبیل‌سازی رولزرویس ساخته بود، خودنمایی می‌کرد بخوبی نشانگر این اصل در منش حرفه‌ای او بود: "وقتی با سرعت ۶۰ مایل در ساعت این رولزرویس را می‌رانید، بلندترین صدایی که به گوشتان خواهد رسید، صدای ساعت الکتریکی است!"

۲- در دنیای مدرن کسب‌وکار، خلاق بودن و بهره‌مندی از اصالت اندیشه بی‌فایده است، مگر آنکه بتوانید آنچه را که خلق می‌کنید بفروشید."

شاید به ظاهر این اصل با اصل اول همخوانی نداشته باشد. اما نکته اینجا است که نباید تنها محض خلاق بودن خلاقیت به خرج داد بلکه، خلاقیت باید در راستای دستیابی به مهترین آرمان یک بازاریاب یعنی، فروش شکل بگیرد.

به علاوه، خلاقیت خودبه‌خود تبدیل به فروش بهتر نمی‌شود بلکه، مهم چگونگی به‌کارگیری خلاقیت است.

۳- من از تبلیغاتی که پرهیایو، پوچ و غیرشفاف، و یا تبلیغاتی که صادقانه نیست منزجرم. مؤسساتی که این اصل را زیر پا بگذارند، چندان احترامی نزد من ندارند."

شاید برخی به این فکر کنند که این اصل یک درس بازاریابی است و یا صرفاً یک درس اخلاقی است. قطعاً اگیلوی هر دو مورد را در این جمله لحاظ کرده است. در درجه‌ی نخست اگیلوی در پی آن بود که تبلیغاتی که می‌سازد یکپارچه و مرتب باشند؛ او به دنبال ایجاد هیاهوهای مقطعی نبود.

اگیلوی علاقه‌مند بود تا آگهیهایی بسازد که تا سالیان سال مورد تحسین و احترام مخاطبان باشد. او همواره در ساخت تبلیغات به تأثیر آن روی برند و انگاره‌ی شخصی خود نیز می‌اندیشید. منظور اگیلوی در رعایت صداقت در ساخت تبلیغات این بود که آگهیها باید ٪۱۰۰ با ویژگیهای واقعی آن محصول سازگار باشند.

۴- تبلیغاتچی‌هایی که از تحقیقات صرف‌نظر می‌کنند به همان میزان ژنرالهای ارتشی خطرناک هستند که سیگنالهای رمزگشایی شده‌ی دشمن را نادیده می‌گیرند."

اگیلوی از آن دست بازاریابانی نبود که موفقیت خود را وابسته به شانس می‌دانند. او انسانی دقیق بود و به لطف تحقیقات هیچ‌گاه بی‌گدار به آب نمی‌زد. اگیلوی مادامی که از اثربخشی تبلیغات خود به مدد تحقیقات بازاریابی اطمینان حاصل نمی‌کرد، آن تبلیغ را در جایی ارائه نمی‌کرد. وی حتی اگر تبلیغاتی به موفقیت دست می‌یافت، به بررسی چرایی و دلایل موفقیت آن می‌پرداخت.

بسیاری حضور دیوید اگیلوی در مؤسسه‌ی صاحبنام تحقیقاتی جرج گالوپ را دلیل اهتمام وی به امر تحقیقات می‌دانند.

۵- اگر افرادی کم قابلیت‌تر و کوته‌فکرتر از خود استخدام کنیم، شرکت ما به شرکت کوتوله‌های بی‌خاصیت تبدیل خواهد شد. اما اگر بلندنظران را به کار گماریم، شرکت ما به یک ابرغول تبدیل خواهد شد."

اگیلوی فردی دقیق در انتخاب همراه بود. او هرگز به افراد دنباله‌رو، هوادار، و بادمجان دور قاب‌چین مجال همکاری با خود را نمی‌داد. او افرادی را استخدام می‌کرد، که با ارزشهایش شریک بودند، اما شرط استخدام این افراد آن بود که یا در حد و اندازه‌ی همکاران فعلی و یا بهتر از آنها باشند.

اگیلوی اعتقاد راسخی به لحاظ کردن ارزشهای اجتماعی درون سازمان خود داشت، او همواره سعی داشت تا کارکنان خود را چه در محیط کار و چه در منزل شاداب نگه دارد و به آنها کمک کند؛ چرا که اعتقاد داشت یک کارمند شاداب دست‌کم کارمندی خوب است. البته او بی‌حساب بخشش نمی‌کرد.

فلسفه‌ی اگیلوی این بود که اگر من منابعی را در اختیار کارمندانم قرار می‌دهم تا آنها در بازاریابی کارکشته شوند، آنها نیز باید متقابلاً و در عمل ثابت کنند که در این کار همه فن حریف و کارکشته شده‌اند.

──── گفتار سی‌وسوم ────
۱۰ فرمان تبلیغات و فروش از اسطوره تبلیغات؛ ویلیام برنباخ

شهرت ویلیام برنباخ در صنعت تبلیغات قابل مقایسه با شهرت سباستین باخ در موسیقی است. برنباخ حدود یکصد سال پیش در امریکا دیده به جهان گشود و در سال ۱۹۸۲ بدرود حیات گفت و آثار فاخر بسیاری را در حوزه‌ی تبلیغات از خود بر جای گذاشت.

ویلیام برنباخ فردی ریزنقش و با جثه‌ای کوچک بود که تأثیری بزرگ بر صنعت تبلیغات گذاشت. کار خود را با نویسندگی آغاز کرد و مدتی را نیز به همکاری با دایرةالمعارف بریتانیکا سپری کرد. اما عاقبت پا به عرصه تبلیغات گذاشت و آثاری ارزنده ارائه کرد. او همواره انسانی نوآور بود و مروری بر کارهای تبلیغاتی برنباخ و کمپین‌هایی که او طراحی کرده اوج اصالت اندیشه‌های باخ را می‌رساند. وی در مصاحبه‌ای گفته بود که ۸۵ درصد از تبلیغات را کسی نگاه نمی‌کند، بنابراین اصل اول در تبلیغات این است که کاری بدیع و بکر ارائه کنیم. کمپین تبلیغاتی "کوچک بیندیش" (Think Small)، از به‌یادماندنی‌ترین آثار باخ در حوزه‌ی تبلیغات است که برای شرکت اتومبیل‌سازی آلمانی فولکس‌واگن تهیه شده بود.

آشنایی با اندیشه‌ها و تفکرات باخ می‌تواند راهگشای ما در خلاق اندیشی و نوآوری در مقوله‌ی تبلیغات باشد. در زیر ۱۰ فرمان باخ آمده است:

۱- "تبلیغات در اصل ابزاری برای اقناع است و اقناع نه یک علم بلکه، یک هنر است."

از نظر برنباخ، اقناع جنبه‌ای دوسویه و متقابل دارد و سعی آن بر این است که هم نیازهای پیام‌دهنده و هم پیام‌گیرنده را برآورده سازد، و تبلیغات رسانه‌ای برای اقناع مخاطب است و هم جانب مخاطب و هم پیام‌دهنده را دارد.

۲- "به اصل محصول بپردازید و به ساده‌ترین شکل ممکن مزیت اساسی محصول خود را بیان کنید."

۳- "هر کجا که امکان‌پذیر بود، محصول خود را به مانند هنرپیشه‌ای زیبا و چشمگیر و حرفه‌ای روی صحنه نمایش درآورید، نه یک تماشاچی گمشده در میان جمعیت."

اینگونه است که متفاوت خواهید بود و محصولتان در یادها جاودانه می‌شود؛ چرا که عامل محرک در تبلیغات، عاملی است که محصولتان را به فروش خواهد رساند.

البته گفتنش ساده است اما در مرحله‌ی اجرا با سختی مواجه خواهید شد؛ چون باید حرفی متفاوت داشته باشید.

**۴- "تبلیغات باید روح داشته باشد. گاه از طراوت تبلیغات و جوهره‌ی آن با نام شخصیت تبلیغات یاد می‌شود. زمانی که تبلیغات شخصیت

منحصربه‌فرد خود را داشته باشد، قانع کننده و متفاوت خواهد بود. باید تلاش کنید که گوی سبقت را در تبلیغات از سایرین بربایید و طرحی نو دراندازید و شخصیتی متفاوت از تبلیغ خود را به نمایش بگذارید."

۵- "هر واژه، هر نشان تجاری و حتی هر سایه‌ای می‌بایست قادر باشد که پیام ما را به مخاطب القا کند، درغیراین صورت بیهوده و زاید است."

۶- "حقیقت را بگویید."

اول آنکه حقیقت بهترین ترفند است. دوم آنکه حقیقت و نقل آن شما را به بهشت برین وارد می‌کند. و سوم آنکه حقیقت چرخ کسب‌وکارتان را می‌چرخاند؛ چرا که اینگونه مردم به شما اعتماد خواهند داشت.

در واقع برنباخ اعتقاد راسخی داشت که باید به مردم اعتماد و حقیقت را بفروشید نه آنکه دروغ و نیرنگ را در بسته‌بندی زیبای حقیقت به آنها عرضه کنید.

۷- "برای زندگی مردم معنادار باشید"

هر چند خلاقیت و انجام اعجاب‌انگیز تبلیغات خوب است، اما سؤال همیشگی مخاطبان این است که فلان تبلیغ یا بازاریابی چه ارتباطی به خانواده و کسب‌وکار من دارد و چه دردی از ما دوا می‌کند؟

بنابراین تبلیغات باید ابزاری برای خلق مفهوم باشد و تجربه‌ی معناداری را برای بیننده رقم بزنند.

۸- "ساده باشید."

ساده‌لوحی با ساده‌اندیشی و ساده‌کرداری متفاوت است، برنباخ بر لزوم پرهیز از پیچیدگی در دنیای پیچیده و آشوبناک تأکید می‌ورزد. سادگی

می‌تواند بزرگترین تمایز یک کمپین تبلیغاتی باشد.

۹- "آزموده را آزمودن خطا است."

ایده‌های امن و ریسک‌گریز، کسب‌وکار شما را به باد فنا می‌دهند. تنها شانس پیروزی در رقابت، با انجام تبلیغات متفاوت محقق خواهد شد؛ تبلیغاتی که تا به حال کسی نظیرش را ندیده حتی خودتان! پس در تبلیغات شجاعت به خرج دهید.

۱۰- "در خلاف جهت آب شنا کنید."

اگر تبلیغ‌تان دیده نشود، همه زحماتتان به هدر می‌رود، پس متفاوت باشید چون برای مثال ۸۵ درصد از امریکاییها و بلکه بیشتر، اصلاً تبلیغات را نمی‌بینند. و این آمار کم و بیش در همه جای جهان صدق می‌کند.

گفتار سی‌وچهارم

چگونه از آب کره بگیریم؟
آشنایی با تکنیکهای تبلیغات غیرمتعارف

تلویزیون، مطبوعات چاپی، رادیو، اینترنت، بیلبوردهای محیطی و حتی ایستگاههای اتوبوس دست در دست تبلیغات، به عنوان رسانه‌های انتقال پیامهای تبلیغاتی و بازاریابی سازمانها و شرکتها شناخته می‌شوند. در واقع تبلیغات مایه‌ی حیاتبخش این رسانه‌ها است، و از طرفی دستگاه تبلیغات به‌منظور انتقال پیام خود وابستگی مستقیمی به این رسانه‌ها دارد. این مسأله سبب شده که رسانه‌های اینچنینی در میان همهمه‌ی تبلیغات کمرنگ شوند و مخاطبان با بی‌تفاوتی از کنار آنها عبور کنند.

زمانی را فرض کنید که مشغول تماشای برنامه‌ی محبوب خود از تلویزیون هستید، در این حین پخش ناگهانی آگهیهای بازرگانی رشته‌ی افکار شما را پاره می‌کند و به این خاطر تصمیم می‌گیرید که کنترل را بردارید و شبکه را تعویض کنید. بی‌تفاوتی به تبلیغات از جمله‌ی مهمترین عارضه‌های عصر حاضر است و موجب اتلاف سرمایه‌های بسیاری می‌شود.

در این میان برخی از آژانسهای تبلیغاتی خوشفکر و خلاق، با بهره‌گیری از رسانه‌های غیر متعارف، خود را برجسته و متمایز می‌کنند. مرور

تجربه‌های این قبیل سازمانهای نوآور در عرصه‌ی تبلیغات نشان می‌دهد که می‌توان از هر چیزی در جهت تبلیغات اثر بخش بهره برد. خواهید پرسید چگونه؟ کافی است نگاهی به تجارب و نمونه‌های موجود در خصوص تبلیغات غیر متعارف بپردازیم:

تمبرهای خبری و سایت خبری

تمبر تکه کاغذی چهارگوش و چسبدار است که سالها در ارتباطات پستی به کار می‌رفته است. سال ۱۸۴۰ بود که اولین تمبر دنیا به نام بلک پنی (پول سیاه یا پنی سیاه) منقوش به تصویر ملکه ویکتوریا در انگلستان به کار رفت. برای سهولت در چسباندن تمبر، پشت آن را به چسب ضعیفی آغشته می‌کردند. این مسأله که پشت تمبر منقوش به چهره‌ی ملکه‌ی انگلیس باید برای چسباندن با آب دهان مرطوب می‌شد، موجب جاروجنجالهای فراوان در این کشور شد؛ چرا که این کار نوعی بی‌احترامی به ملکه محسوب می‌شد. به هر ترتیب تمبرها جنبه‌ای نمادین داشته و برای سالها به‌وسیله‌ی حاکمیتها و کشورهای مختلف برای انتقال پیام به شهروندان داخلی و خارجی به کار می‌رفته است.

تمبرها از منابع بسیار پرارزش قلمداد می‌شوند و جنبه‌ای کلکسیونی یافته‌اند. تمبرها به‌علاوه کارکردی تبلیغاتی دارند و برای مثال، به‌منظور ترویج فرهنگ ملل، یادمانهای تاریخی، سنتها و... به کار می‌روند. وب‌سایت خبری دلو (Delo.ur) از جمله منابع خبری مرتبط با کسب‌وکار در اوکراین است. دلو با درک زمان اندک در اختیار تجار و کسبه، اخبار تجاری را به‌صورت خلاصه و در قالبهای ابتکاری منتشر می‌کند. آنها مدتی پیش در راستای ترویج فلسفه‌ی خود در کم‌گویی و گزیده‌گویی، تمبرهای خبری چاپ کردند. این تمبرها با درج تصاویر مرتبط، خبر را به شکلی داستان گونه و مختصر و مفید به مخاطبان ارائه می‌کردند. تمبرهای شکیل دلو

دست به دست تجار می‌چرخیدند و نام این وب‌سایت خبری بر سر زبانها افتاده بود. استفاده از رسانه‌ی نامتعارف تمبر برای فعالیتهای تبلیغاتی اقدامی نوین و بسیار ابتکاری به‌شمار می‌رود.

کمپین ۲۰۱۳ روز جهانی آب در برزیل

یک آژانس تبلیغاتی برزیلی با هدف افزایش آگاهی نسبت به اهمیت صرفه‌جویی در مصرف آب، با استفاده از رسانه‌ای ابتکاری و تبدیل و طراحی سینکهای روشویی و دستشویی در سرویسهای بهداشتی مراکز خرید به شکل زمینی خشک و بایر توانست نظرات بسیاری را به خود جلب کند.

نقاله‌ی آوازه‌خوان فروشگاهی: فستیوال موسیقی پراگ

خلاقیت، فناوری و ذوق و قریحه‌ی هنری همگی یکجا جمع شدند تا خبری گوشنواز را به مردم بدهند، آغاز فستیوال بهاره‌ی موسیقی پراگ. جشنواره موسیقی پراگ از جمله‌ی شناخته‌شده‌ترین گردهماییهای هنری در جهان است.

مشتریان فروشگاههای شهر پراگ وقتی به صندوق می‌رسند با صحنه‌ای متفاوت روبه‌رو می‌شوند، تسمه‌ی نقاله شبیه به دفترچه‌های نُت موسیقی طراحی شده و قراردادن اجناس روی آن نوای موسیقی تولید می‌کند. این اقدام تبلیغاتی ضمن خلق تجربه‌ای بی‌نظیر برای مشتریان فروشگاه، خرید را به کاری لذت بخش تبدیل کرده بود، ضمن آنکه پدیده‌ای غیرمتعارف در دنیای تبلیغات به شمار می‌رفت، مشتریان با پایان یافتن خرید، صورتحسابی حاوی نُت موسیقی که خود ساخته بودند دریافت می‌کردند.

تبلیغات فنجانی به نفع زیبایی

زیباپسندی و زیبایی، از جمله نیازهای جوامع کنونی است. انسانها تمایل

دارند که همه چیز زیبا باشد. خانه‌ی زیبا، لباس زیبا، دکوراسیون زیبا، اتومبیل زیبا، و چهره‌ی زیبا، از جمله دغدغه‌های نسل فعلی است. زیبایی از خواهش‌های طبیعی بشر است و امروزه پول‌هایی که خرج زیباتر شدن در کشورهای مختلف می‌شود، گاه فراتر از مخارج مرتبط با ضروریات زندگی است.

امروزه زیبایی در برخی جوامع به یک هنجار اجتماعی تبدیل شده است، از همین رو مراکز جراحی زیبایی نیز به تکاپو افتاده‌اند تا سهمی از این بازار گسترده نصیب خود کنند. مرکز جراحی پلاستیک تورنتو به‌منظور ترویج فعالیت‌های خود از تبلیغات فنجانی (درج آگهی روی فنجان‌های عمدتاً کاغذی و یا لیوان‌های سرامیکی که علاوه بر کاربردهای تبلیغاتی جنبه‌ای کاربردی و ماندگار دارند) بهره می‌برد؛ چه چیزی لذت‌بخش‌تر از نوشیدن فنجان چای و مشاهده‌ی همزمان یک بینی خوش‌تراش و زیبا؟!

تبلیغات عکس‌برگردانی در خدمت مبارزه با ناهنجاری‌های اجتماعی
آیا آدامس‌های دارای عکس برگردان را به خاطر دارید؟ گاهی بهترین ایده‌ها، ساده‌ترین آنها هستند. برای مثال هتل ماریوت هندوستان در اقدامی جالب توجه مهری حاوی یک پیام آگاهی‌دهنده روی دست افراد می‌زند. جای هیچ‌گونه نگرانی ندارد؛ چرا که جوهرهای مورد استفاده از نوع طبیعی و کاملاً قابل شستشو هستند.

پیام اجتماعی این عکس‌برگردان‌ها، افراد را از رانندگی در هنگام مصرف نوشیدنی‌های الکلی برحذر داشته و تلفن نزدیکترین تاکسی تلفنی را نیز در آن درج کرده است تا از تصادفات احتمالی و بروز صدمات جلوگیری شود.

جیپ؛ اتومبیلی غیرمتعارف با تبلیغات غیرمتعارف
شرکت اتومبیل‌سازی جیپ با طراحی جای پارک‌های نامتعارف در

مجاورت مناطق صعب‌العبور و جداول خیابان، بخوبی توانسته تمایز عملکردهای جیپ از دیگر اتومبیلها را به نمایش بگذارد.

این شرکت با طراحـی چنین جای پارکهایی در واقع به سایر اتومبیلها هشدار می‌دهد که شانس خود را برای پارک کردن در این مکانها به هیچ عنوان آزمایش نکنند.

گفتار سی‌وپنجم
تبلیغات غافلگیرانه
(Ambush Advertising)

روزمرگی و معمولی بودن بویژه در تبلیغات کسالت‌آور است، در مقابل آنچه ما را غافلگیر کند تا سالها در ذهنمان حک خواهد شد. فلسفه‌ی بازاریابی غافلگیرانه مبتنی بر همین اصل ساده است. هیجان، تفاوت و پرهیز از روزمرگی از ضروریات زندگی کنونی بشر به شمار می‌روند، آنها زمانی که به موردی منحصربه‌فرد و خاص می‌رسند، اندکی توقف می‌کنند و نگاهی خریدارانه به آن می‌اندازند، سپس تجربه‌ی ویژه‌ی خود را با دوستانشان در میان می‌گذارند.

در واقع زمانی که با موارد خاص و اعجاب‌انگیز روبه‌رو می‌شویم، ناخودآگاه ما دست به قلم می‌شود و این تجربه را به‌عنوان خاطره‌ای به‌یادماندنی در دفترچه‌ی ذهنمان یادداشت می‌کند. ورود به جعبه سیاه ذهن افراد، جز با چاشنی هیجان، تمایز و غافلگیری امکانپذیر نیست.

ورود به این بخش از ذهن مخاطبان رؤیای همیشگی بازاریابان بوده؛ چرا که اینگونه از فروش محصول خود، افزایش برند - آگاهی درباره‌ی آن و نیز به جریان افتادن تبلیغات دهان به دهان اطمینان خواهند یافت. متخصصان

بازاریابی برای آنکه به این رؤیای خود جامه‌ی عمل بپوشانند، سعی می‌کنند تا با استفاده از ابزارهای نوآورانه مبتنی بر علائق بازار هدف، کمپینهایی به‌یادماندنی را طراحی کنند. این کمپین‌ها با ایجاد موجی پایدار در بازار، آثار سازنده‌ی بسیاری را به ارمغان می‌آورند.

یکی از تکنیکهای مهیج برای طراحی چنین کمپینهایی، افزودن چاشنیهای غافلگیرانه به تبلیغات است؛ عاملی متفاوت که در ذهن بینندگان نفوذ می‌کند. غافلگیری می‌تواند در پیام و یا در نوع اجرای آن تبلور یابد، برای مثال یکی از برندهای شناخته شده توانست با بهره‌گیری از چهره‌های منفور در تیزرهای خود، یک کارزار تبلیغاتی به یادماندنی راه‌اندازی کند. در ادامه به مرور برخی دیگر از تجارب اهالی تبلیغات در زمینه‌ی تبلیغات غافلگیرانه می‌پردازیم.

۱- رادیو عطری دانکین دوناتس

دانکین دوناتس از برندهای مشهور شیرینی و قهوه، با مشکلی بغرنج در شهر سئول کره‌جنوبی مواجه بود. در واقع این برند با تعداد زیادی رقیب ریز و درشت روبه‌رو بود، از طرفی قصد داشت که مشتریان این فروشگاه، دانکین را نه تنها به‌عنوان یک فروشنده شیرینی دونات بلکه، به‌عنوان یک کافی‌شاپ بشناسند. آنها برای دستیابی به هدف خود، حسگرهای ویژه‌ای در داخل اتوبوس‌ها نصب کردند که در مسیر فروشگاههایشان تردد می‌کردند. این حسگرها می‌توانستند عطر دل‌انگیز قهوه را در فضای اتوبوس پراکنده کنند و همزمان نوای صوتی دانکین را پخش کنند. تبلیغات حسی دانکین دوناتس و رادیوهای عطری این فروشگاه توانسته بود مردم خسته و سوار بر اتوبوس را غافلگیر و سر حال کند. به علاوه تبلیغات محیطی وسیعی در ایستگاههای اتوبوس مجاور فروشگاههای دانکین دوناتس نیز انجام گرفته بود. تأثیر شگفت انگیز عطر قهوه به حدی بود که توانست فروش این برند را تا حد غافلگیرانه‌ای ارتقا دهد.

۲- برنامه‌ی زمانی مک‌دونالد

مک‌دونالد در اقدامی غیرمنتظره در ایستگاه مرکزی قطار شهر ورشو در لهستان، با بهره‌برداری از فرصت حضور جمعیت فراوانی که در ایستگاه تردد می‌کنند، برنامه‌ی غذایی خود را روی تابلوی اعلام زمانبندی حرکت قطارها تنظیم کرده بود.

این تابلو به‌صورت هوشمند بسته به برنامه‌ی حرکت قطارها و زمان انتظار مسافران، پیشنهاد غذا می‌داد. برای مثال اگر باید ۲۰ دقیقه منتظر قطار می‌ایستادید، مک‌دونالد روی تابلو پیشنهاد می‌داد که می‌توانید در این زمان یک عدد همبرگر به همراه سیب‌زمینی سرخ شده و نوشابه میل کنید. حال آنکه زمان ۱۰ دقیقه مناسب خوردن سیب زمینی سرخ شده به همراه نوشیدنی بود.

این سبک تبلیغات در عین تازگی، مخاطبان بسیاری را به خود جلب می‌کرد، ضمن آنکه کاملاً متناسب با حال و هوای مسافران قطار بود.

۳- حمله‌ی پانداها به پاریس

در سال ۲۰۰۸، تنها ۱۶۰۰ خرس پاندا در دنیا وجود داشت. از این رو بنیاد حیات وحش جهان در اقدامی آگاهی‌بخش در مورد خطر انقراض این موجودات دوست داشتنی، تعداد ۱۶۰۰ پاندای دست ساز تهیه شده از کاغذ مچاله را در مناطق مختلف پاریس بویژه در مقابل یکی از مشهورترین هتلهای این شهر قرار داد.

این ابتکار صحنه‌ای بسیار شگفت‌انگیز و غافلگیرانه را در پیش چشم پاریسی‌ها به تصویر کشیده بود، اهالی پاریس می‌دانستند که هر یک از این پانداهای کاغذی نماد یک پاندای زنده در جهان هستند. این کمپین از نوع کارزارهای تبلیغات سیاسی- احساسی بود که موجی از هیجان را تا سالها ایجاد کرد.

۴- کمپین نارنجی‌پوشان

در سال ۲۰۱۰ و در جریان مسابقات جام‌جهانی و رقابت تیم هلند در برابر دانمارک که در ورزشگاه سن‌کریستی ژوهانسبورگ برگزار شد، ورود ۳۶ خانم با نماد تبلیغاتی نارنجی رنگ یک شرکت آلمانی تولیدکننده‌ی نوشیدنی، تمام دوربین‌های خبری را متوجه خود ساخت و تصویر آنها را در سراسر جهان مخابره کرد. باواریا توانست با این اقدام زیرکانه و بدون صرف هزینه‌های کلان اسپانسری رویدادهای ورزشی، نگاه رسانه‌ها را به خود معطوف کند. البته این شرکت با انتقادات بسیاری از جانب دست‌اندرکاران برگزاری روبه‌رو شد و جریمه پرداخت کرد. با وجود این، آنچه به دست آورد، فراتر از انتقادات و جریمه‌های قانونی بود و آن، قرار گرفتن در صدر اخبار رسانه‌ها بود بدون پرداخت هزینه‌های سنگین تبلیغاتی!

۵- تبلیغات لنزی پوما

لینفورد کریستی، قهرمان بریتانیایی دوی سرعت در جریان المپیک سال ۱۹۹۶ با کارگذاشتن لنزهای چشمی منقوش به نشان شرکت پوما، بسیاری از اصحاب رسانه را در بهت فرو برد.

۶- نایک در برابر ریبوک

اقدام شرکت نایک در جریان المپیک ۱۹۹۶ یکی از زیرکانه‌ترین فعالیتهای انجام گرفته در زمینه‌ی کمپینهای تبلیغاتی غافلگیرانه بود. با آنکه شرکت رقیب نایک، یعنی ریبوک، حامی رسمی المپیک ۱۹۹۶ بود، اما نایک با خرید بیلبوردهای بزرگ و تبلیغات گسترده محیطی توانست دهکده‌ی ورزشی نایک را سر زبانها بیندازد و رقیب را از میدان به در کند.

به قول سایمون چدویک که سالها در کسوت استادی در حوزه اقتصاد و بازاریابی ورزشی مشغول به کار بوده است، شرکت نایک با اقدام آگاهانه

و زیرکانه خود به جای اسپانسری رسمی و صرف پول‌های کلان، توانست خود را شرکتی مردمی‌تر و خودمانی‌تر از رقبا جا بزند.

نایک از سرآمدان عرصه‌ی بازاریابی غافلگیرانه به شمار می‌رود.

۷- فیات در برابر فولکس واگن

در ماه مه سال ۲۰۱۲، سرویس خیابان نمای گوگل (Google Street View) تصاویر دفتر نمایندگی فولکس در سوئد را روی نقشه‌ی خود به نمایش گذاشت. حال به نظرتان مشکل در کجا بود؟ درست در مقابل خروجی دفتر فولکس، یک دستگاه فیات پارک شده بود! حالا هر کس که می‌خواهد دفتر فولکس را روی نقشه‌ی گوگل با تصاویر آن ببیند، ابتدا تصویر فیات قرمز رنگ را خواهد دید و احتمالاً غافلگیر خواهد شد.

۸- پروژه‌ی سینمایی جادوگر بلر

فیلم سینمایی جادوگر بلر در سال ۱۹۹۹ روی پرده‌های نقره‌ای سینما به نمایش درآمد. این فیلم از همان ابتدا به اسطوره‌ای پر سود تبدیل شد و نگاه‌های زیادی را به خود دوخت. فیلم جادوگر بلر با درون‌مایه‌های دلهره‌آمیز روایتی از سه دانشجوی کنجکاو رشته‌ی سینما است که در حال ساخت مستندی در خصوص موجودی شرور و افسانه‌ای به نام جادوگر بلر مفقود می‌شوند.

پروژه‌ی سینمایی جادوگر بلر با بودجه‌ای بسیار اندک ساخته شد، اما پیام آن با سرعتی حیرت‌انگیز و دهان به دهان منتقل می‌شد. در واقع جادوگر بلر توانست از خود مردم و مخاطبان برای بازاریابی بهره ببرد. جادوگر بلر با آن داستان نه چندان قوی و بودجه‌ی بسیار اندک گیشه‌ها را تسخیر کرد و بسیاری از بینندگان حتی حاضرند قسم بخورند که موجودی به نام جادوگر بلر وجود خارجی دارد. موفقیت تبلیغاتی جادوگر بلر توانست بسیاری از

منتقدان و تماشاگران را غافلگیر کند؛ ضمن آنکه روایت این فیلم امروزه در خاطر بسیاری از تماشاگران فیلم بر جای مانده است.

۹- کتابخانه‌ی ساحلی ایکیا

یک عینک آفتابی، یک قوطی کرم ضد آفتاب، و یک جلد کتاب خواندنی، پیشنهاداتی مناسب برای وقت‌گذرانی با چاشنی یادگیری در سواحل خوش آب و هوای قاره‌ی استرالیا است.

ایکیا با نصب یکی از محصولات خود، یعنی قفسه‌ی کتابی به رنگ قرمز، در سواحل استرالیا توانست مسافران ساحلی را غافلگیر کند. این کتابخانه با انواع کتابهای مناسب پر شده بود و می‌توانستید در ازای یک کتاب قدیمی، کتابی جدید بگیرید و یا به کتابخانه‌ی ملی استرالیا هدیه کنید. به علاوه ایکیا نشان خود را روی شنها حک کرده بود و توانست خاطره‌ای فراموش‌نشدنی برای مسافران خلق کند.

گفتار سی‌وششم
شش اصل پایه
در تبلیغات بیلبوردی

بیلبوردها تابلوهای شهری بزرگ برای نصب تبلیغات هستند و از ابزارهای تبلیغات محیطی به شمار می‌شوند. بیلبوردها از جمله رسانه‌های قدرتمند در جلب نظر مشتری هستند و از نمودهای هنر شهری به شمار می‌روند. بیلبوردها در اندازه‌های مختلف و در نقاط پرتردد نصب می‌شوند و بیشتر رسانه‌ای برای انتقال پیام هستند تا ابزاری کاملاً تبلیغاتی.

این رسانه می‌تواند موجب آگاهی بخشی به رهگذران، تحریک نیاز درون آنها برای خرید شود. بیلبوردها از دوران باستان به شکلی ابتدایی وجود داشته‌اند و برای مثال مصریان باستان مفاهیم و آموزه‌های مذهبی خود را روی ستون‌های سنگی بلند حک می‌کردند که جنبه‌ای تبلیغاتی برای آیین مصریان داشت.

اما تبلیغات محیطی به شکل امروزین آن مدیون تلاش‌های تجار و بازرگانان امریکایی است، که خدمات خود را در حاشیه‌ی جاده‌ها و در نمای ساختمان‌ها به اشکال مختلف تبلیغ می‌کردند.

بیلبوردها تأثیری برق‌آسا روی ذهن مشتری دارند و از اثربخشی بالایی

برخوردارند. طراحی بیلبورد کاری دشوار و خلاقانه است؛ چرا که به دلیل شرایط خاص نصب و محل قرارگیری، بیلبوردها می‌بایست بتوانند تا در عین زیبایی بیشترین اثربخشی را داشته و در کمترین زمان نگاه افراد را به خود جلب و پیام فرستنده را در ذهن آنها جاودانه کنند. همواره ضروری است که قبل از طراحی بیلبورد ابتدا شناختی دقیق و همه جانبه از مشتریان هدف و نیز محصولات خود داشته باشیم و منطبق با آن پیام تبلیغاتی مورد نظر، طراحی، محل قرارگیری و نصب بیلبورد و... را تعیین کنیم.

شهرنشینها روزانه با چندین بیلبورد روبه‌رو می‌شوند، اما براستی چند بیلبورد در ذهن ما ماندگار می‌شود؟

امروزه رقابت در عرصه‌ی تبلیغات محیطی نیز رو به فزونی گذاشته، بدین‌رو باید با چاشنی کردن نوآوری به تمایز دست یافت. در ادامه‌ی مطلب به برخی راهکارها در اجرا و طراحی اثربخش بیلبوردهای تبلیغاتی می‌پردازیم:

۱- کم گوی و گزیده گوی چون دُر

معمولاً بیلبوردها در مسیر اتومبیلهای عبوری نصب می‌شوند و تنها ظرف چند ثانیه جلوی چشمان مخاطب قرار می‌گیرند، بنابراین ضروری است که قادر به انتقال سریع و اثربخش پیام خود باشند. طبق تحقیقات انجام گرفته به طور متوسط هر بیلبورد به مدت ۶ ثانیه از سوی مخاطب دیده می‌شود، لذا ۶ واژه یا کمتر برای متن بیلبوردها کفایت می‌کند. هر چه کمتر از واژه‌ها بهره ببرید، بیشتر می‌توانید به دیده شدن بیلبورد خود امیدوار باشید؛ چرا که اینگونه رانندگان می‌توانند بدون خطر متن بیلبورد را براحتی بخوانند و درک کنند.

این متن می‌تواند شعار، نام برند، و یا اطلاعات تماس را در بر گیرد. سادگی واژگان از جمله مهمترین عوامل در به‌یادماندنی شدن آنها است.

اگر نمی‌توانید در چند کلمه خود را توصیف کنید و یا اگر محصول یا برندتان پیچیده‌تر از آن است که در چند واژه بگنجد، بهتر است که استفاده از تبلیغات بیلبوردی را فراموش کنید.

۲- مورد توجه قرار بگیرید و چشمگیر باشید، اما بیلبوردتان را به یک عامل حواس‌پرت‌کن تبدیل نکنید.

اغلب بیلبوردها، رانندگان، موتورسواران، دوچرخه‌سواران، و یا عابران را هدف می‌گیرند و از همین رو تنها فرصت اندکی برای چشمگیر شدن دارند چرا که مخاطبشان متحرک است. البته طراحان تبلیغات محیطی با تناقضی اساسی در امر طراحی روبه‌رو هستند؛ از یک طرف بیلبورد باید چشمگیر باشد، اما از طرفی نباید موجب پرت شدن حواس مخاطبان و بروز تصادفات شود.

در تاریخ تبلیغات محیطی موارد بسیاری وجود داشته که بیلبورد عامل اصلی تصادفات رانندگی شناخته شده است.

۳- بیلبوردها بیشتر رسانه‌اند تا ابزار تبلیغاتی

در بسیاری از موارد طراحان اقدام به درج شماره‌های تماس و یا نشانی سایت و نشانی سازمانها روی بیلبورد می‌کنند، که بدون شک و بر اساس تحقیقات صورت گرفته تقریباً همه‌ی افرادی که بیلبورد را می‌خوانند با اطلاعات درج شده هیچ تماسی برقرار نمی‌کنند.

بیلبورد یک ابزار و رسانه‌ی تبلیغاتی ثانویه است؛ به این معنا که بیشتر مناسب برندسازی و پشتیبانی از کمپین‌ها و انتقال پیامها است. چنانچه می‌خواهید گفتمانی دقیقتر و مبسوط‌تر با مخاطب خود برقرار کنید، بهتر است از دیگر رسانه‌ها مثل رسانه‌های چاپی، رادیو و تلویزیون، وب‌سایتها، نامه‌ی مستقیم و... استفاده کنید.

۴- بیلبوردها باید هوشمندانه و زاییده‌ی ایده‌ای ناب و خلاق باشند

مردم یک بیلبورد کسالت‌آور را نادیده می‌گیرند و به آن توجهی ندارند. اما یک بیلبورد با طراحی هوشمندانه می‌تواند توجه زیادی را به خود جلب کند و تأثیر ماندگارتری را در ذهن مشتری باقی بگذارد. اما لازم است برای میزان خلاقیت و چگونگی پیاده‌سازی دقت کرد؛ چرا که ممکن است خلاقیت بیش از حد با سلایق مخاطب سازگار نباشد. از این رو بیلبوردها نباید موجب اغتشاش ذهنی مخاطبان شده و آن‌ها را سردرگم کنند. فونت‌ها باید خوانا و تصاویر می‌بایست خیره‌کننده باشند و جزئیات زیادی نداشته باشند. سادگی در طراحی به ما کمک می‌کند که بتوانیم به برخی چیزها اولویت بدهیم و آن‌ها را برجسته کنیم. طراحی‌های ساده ماندگارترند و بخوبی با الگوهای ذهنی مخاطبان همنشین می‌شوند. البته تلفیق سادگی و خلاقیت رمز چشمگیر شدن بیلبوردها است.

استعاره‌های تصویری پیچیده انتخاب خوبی برای روی بیلبوردها نیستند. هر چند که گفته می‌شود تبلیغات باید همانند یک معما ذهن مخاطب را به حل آن وا دارد، اما بیلبوردها باید طراحی بی‌تکلف و ساده‌تری را در پیش بگیرند. پس هوشمندانه طراحی کنید، کمی سرگرمی و مزاح را چاشنی کار کنید، و هرگز بیلبورد را به جایی برای حل معما تبدیل نکنید.

۵- روی تعداد بیلبوردهای خود دقت کنید

تبلیغات بیلبوردی نسبتاً گران هستند اما اکتفا به یک یا دو بیلبورد در سطح شهر مؤثر نیست. بیلبوردها یک ابزار بازاریابی انبوه هستند، لذا نیاز است تا تعداد بیشتری از آن‌ها را در سطح شهر نصب کنیم تا تعداد بیشتری از مردم آن را ببینند.

هر بیلبورد دارای یک نرخ سنجش عملکرد و اثربخشی به نام نرخ ناخالص امتیازات (GRP) است. این نرخ مبتنی بر عواملی مثل میزان

ترافیک، میزان رویت و قابلیت دید، محل نصب، اندازه و... محاسبه می‌شود. این نرخ بین ۱ تا ۱۰۰ متغیر است. برای مثال اگر نرخ ناخالص امتیازات بیلبورد معادل ۵۰ باشد، این عدد به این معنا است که دست کم ۵۰ درصد از جمعیت آن ناحیه حداقل یک بار در روز یکی از بیلبوردهای شما را خواهند دید.

۶- یک تصویر، کار هزار کلمه را می‌کند

در انتخاب تصاویر و رنگها دقت کنید و ترکیبهای رنگی چشم‌نواز و خیره‌کننده را انتخاب کنید. یک بیلبورد حتماً نباید به شکل تخت طراحی شود بلکه، می‌تواند شکلی سه بعدی و تعاملی نیز داشته باشد. برای مثال، یکی از کارخانجات تولید اسپری حشره‌کش، تصویری از یک اسپری حشره‌کش دارای چسب نامرئی را روی بیلبورد خود درج کرده بود. این چسب یک دام بزرگ برای حشرات بود و به مرور زمان حشرات روی آن می‌چسبیدند و نمایشی از قدرت این محصول را به نمایش می‌گذاشتند. و یا بیلبوردهای تعاملی شرکت مک دونالد از دیگر خلاقیتهای بزرگ در عرصه‌ی تبلیغات محیطی هستند.

در کمپین تعاملی - تبلیغاتی مک‌دونالد در کشور سوئد، مشتریان می‌توانستند روی بیلبورد تبلیغاتی بازی کنند و در صورت برنده شدن یک وعده غذای رایگان از جانب مک‌دونالد دریافت کنند. مشتریان می‌توانستند با استفاده از تلفن همراه خود به وب‌سایت مشخص شده مراجعه و آمادگی خود را برای شرکت در بازی اعلام کنند.

سپس صاحب تلفن همراه به نزدیکترین بیلبورد متصل می‌شد و چند ثانیه‌ای فرصت داشت که بازی کند و در صورت پیروزی، یک فیش غذای رایگان دریافت کند.

گفتار سی‌وهفتم
تبلیغات محیطی و نورومارکتینگ

نورومارکتینگ دانشی نوین در عرصه‌ی کسب‌وکار است که با باز کردن دریچه‌های جدید به روی بازاریابان، امکان شناخت بهتر مصرف‌کنندگان و برقراری ارتباطی اثربخش و سازنده با آنها را فراهم می‌سازد.

نورومارکتینگ را می‌توان در یک تعریف ساده به عنوان توانایی درک زبان مغز مصرف‌کنندگان و برقراری ارتباط بهینه با آنها تعریف کرد. از همین رو کاربردهای فراوانی در دنیای تبلیغات بویژه تبلیغات محیطی یافته است.

به‌طور کلی تبلیغات محیطی در مورد هر نوع تبلیغات بیرون از نقطه‌ی نهایی خرید مشتری مثل دیوار نوشته‌ها، بیلبوردها، پلهای عابر، تبلیغات داخل مترو و ایستگاههای اتوبوس، و... اطلاق می‌شود. این نوع از تبلیغات روشی بسیار مناسب برای ایجاد برند-آگاهی و به خاطر آوردن نام محصول قبل از ورود به فروشگاهها و مراکز خرید است.

بیلبوردها از شناخته‌شده‌ترین و بهترین ابزارهای تبلیغات محیطی به شمار می‌روند و عموماً ایده‌ای جذاب در شیوه‌ی طراحی آنها نهفته است، بنابراین

بیننده را وادار می‌کنند که دست‌کم در ناخودآگاه خود به تفکری که در پس طرح بیلبوردها پنهان است بیندیشد. حضور مداوم بیلبوردها در مراکز پرتردد شهری قلب بازار هدف را نشانه می‌رود و تکرار موارد رویت موجب ایجاد آگاهی نسبت به برند مربوطه می‌شود.

بیلبوردها نیاز اطلاعاتی مصرف‌کنندگان را به شکل مختصر و مفید برطرف می‌کنند.

حتماً برایتان پیش آمده که هنگام سفرهای درون شهری و یا زمانی که برای مثال به محل کار خود مراجعه می‌کنید با تعداد زیادی بیلبورد تبلیغاتی مواجه شده باشید. البته عناصر تکراری موجود در بسیاری از این بیلبوردها فاقد جذابیت لازم بوده و در ذهن عابران ماندگار نمی‌شود. چرا که بیلبوردها عمدتاً در محلهای رفت‌وآمد اتومبیلها نصب می‌شوند و فرصت چندانی برای جلب نظر مخاطبان ندارند.

بویژه مغز افراد در صبحگاهان و هنگام مراجعه به محل کار بیشتر در حالت پیش ران خودکار (Auto Pilot) قرار دارد. لذا مغز افراد در هنگام صبح در حد تغییر خطوط حرکت، توجه به اخطارهای راهنمایی، و چیزهای روزمره و روتین هوشیار است و چندان متوجه موارد دیگر نمی‌شود. تغییر وضعیت مغز به حالت خودکار در طول انجام کارها و وظایف روزمره مثل رانندگی به سمت محل کار، به دلیل حفظ سطح انرژی انجام می‌پذیرد. بنابراین اینکه افراد با بی تفاوتی از کنار بیلبوردها می‌گذرند تا حدودی به فعل و انفعالات در مغز آنها مرتبط است.

البته گاه تبلیغات محیطی به اندازه‌ای جذاب و اصطلاحاً مغزپسند طراحی می‌شوند که چشم هر بیننده‌ای را به خود می‌دوزند.

کمپین تبلیغات محیطی جدید مک‌دونالد از جمله‌ی این موارد است که توانسته با استفاده از دانش روز و یافته‌های عصب‌شناسی به یک طراحی مناسب دست یابد.

مک‌دونالد چگونه پیامهای خود را طراحی می‌کند؟

بیلبوردها و تبلیغات محیطی مک‌دونالد یقیناً جزو برترین طراحیها در این حوزه هستند. در کمپین اخیر مک‌دونالد نیز شاهد اوج خلاقیت مک‌دونالد و ریزبینی‌های آن نسبت به به‌کارگیری یافته‌های عصب‌شناسی در طراحی تبلیغات محیطی بودیم. آنچه در پی می‌خوانیم ترجمه‌ی تحلیلی به قلم یکی از کارشناسان بازاریابی و عصب‌شناسی در خصوص ویژگیهای طراحی به‌کار رفته در تبلیغات محیطی مک‌دونالد است که از عناصر و یافته‌های دانش عصب‌شناسان بهره برده است:

۱- زبان تصاویر

تصویر بزرگ ساده و با جزئیات آن هم از یک خوراکی مخصوص صبحانه با تخم‌مرغ به نام مک‌مافین قادر است که به سرعت نگاه مشتری را به خود جلب کند.

نتایج تحقیقات بازاریابی صورت گرفته به‌وسیله‌ی ابزارهای عصب‌شناسی حاکی از آن است که مصرف‌کنندگان واکنش هیجانی مثبت‌تری را در قبال دیدن تصویر یک خوراکی آشنا و پرجزئیات از خود بروز می‌دهند و نمی‌توانند از آن چشم بپوشند. یک تصویر کار هزاران کلمه را انجام می‌دهد.

۲-جایگاه تصویر

قرارگیری تصویر در سمت چپ بیلبورد در واقع به مغز ما کمک می‌کند تا با سرعت بالاتری تصویر را درک کنیم. چیزهایی که در سمت چپ دید ما قرار دارند با کیفیت و سرعت بالاتری در نیمکره‌ی راست مغزمان ادراک

و پردازش می‌شوند و بالعکس.
به‌طور کلی رشته‌های عصبی بینایی همان‌گونه که از تصویر روبه‌رو پیدا است، به صورت ضربدری وارد مغز می‌شوند. از طرفی نیمکره‌ی راست مغز در درک تصاویر و پردازش آنها بهتر عمل می‌کند و در مقابل نیمکره‌ی چپ در پردازش اعداد و نوشته‌ها عملکرد بهتری را ارائه می‌کند.

بنابراین، جایگاه تصویر و متن در بیلبوردی که مشاهده می‌کنیم مناسب‌ترین مکان انتخاب شده است؛ چرا که مغز می‌تواند اطلاعات دریافتی از این بیلبوردها را به گونه‌ای اثربخش‌تر و کاراتر پردازش کند.

اعصاب بینایی که ارتباط میان چشم و مغز را برقرار می‌کنند به صورت ضربدری وارد مغز می‌شوند. به این معنا که عصب خروجی از چشم راست وارد نیمکره‌ی چپ مغز می‌شود و عصب خروجی از چشم چپ به نیمکره‌ی راست مغز وارد می‌شود.

۳- انسجام در حروف به‌کار رفته

مغز بشر به یکپارچگی علاقه‌مند است. همان‌گونه که از تصویر بیلبورد بر می‌آید، مک‌دونالد تمامی حروف مورد استفاده‌ی خود را از نوع حروف کوچک انتخاب کرده و حتی بر خلاف عُرف معمول در رسم الخط زبان انگلیسی از استفاده از حروف درشت (Capital) در ابتدای واژگان خودداری کرده است.

استفاده از حروف درشت درکنار حروف کوچک موجب می‌شود که برداشت مغز از کلمات بیلبورد شبیه به متون مندرج در کتابها باشد و به همین دلیل به دنبال مفهوم در کلمات بگردد. حال آنکه بیلبوردها فرصت

بسیار اندکی در اختیار دارند تا مورد توجه قرار بگیرند.

۴- طراحی دارای تضاد بصری

مغز از تضاد لذت می‌برد و تضاد تولید ارزش می‌کند. تضاد زمینه، اضطرار لازم را برای تحریک مغز به‌وجود می‌آورد. تضاد را می‌توان به بهترین صورت ممکن در قالب رنگ‌ها و تصاویر به نمایش درآورد. الزامی در استعاره‌مند بودن تصاویر بویژه تصاویر موجود روی بیلبوردها نیست؛ چرا که همان‌گونه که گفته شد، بیلبوردها برای جلب توجه عابران و اتومبیل‌های گذری فرصت اندکی دارند.

تضاد روشی برای نمایش ساده‌تر و عینی‌تر ایده‌های پیچیده و انتزاعی است. جان مدینا، در کتاب "قوانین مغز" می‌گوید که مخاطبان تنها پس از گذشت سه شبانه روز از شنیدن کلمات شفاهی فقط قادرند تا ۱۰ درصد از کلماتی را که شنیده‌اند، به خاطر آورند. حال آنکه افزودن یک تصویر بویژه با استفاده از المان‌های متضاد می‌تواند نرخ یادآوری را بالغ بر ۶۵ درصد کند. تضاد موتور محرکه‌ی تصمیم‌گیری در مغز است و فرایند یادآوری را تسریع می‌بخشد. همان‌گونه که مشاهده می‌شود تضاد در رنگ‌بندی طراحی‌های بیلبوردی موجب می‌شود که توجه بیشتری به تبلیغات محیطی جلب شود.

۵- پیام ساده و اقناع‌کننده

شاید ایجاد یک پیام ساده، به‌یادماندنی و اثربخش یکی از دشوارترین فعالیت‌های بازاریابی باشد. پیام باید متفاوت، کوتاه، به‌یادماندنی، درمانگر (برطرف‌کننده‌ی درد مشتری)، اصیل (متمایز کننده از رقبا) و قابل اثبات باشد.

همان‌گونه که در تصویر بیلبورد مشاهده می‌شود، پیام روی یکی از رایج‌ترین توجه مصرف‌کنندگان در هنگام خرید مواد غذایی تمرکز کرده

است و بیننده با چهار کلمه متوجه می‌شود که محصول مورد نظر، ۳۰۰ کالری انرژی دارد.

—— گفتار سی‌وهشتم ——
تبلیغات عصب‌پایه؛
نوروادورتایزینگ

اریک دوپلسیس، رئیس بخش افریقای جنوبی مؤسسه‌ی تحقیقاتی صاحب‌نام میلوارد براون است. عمده تمرکز این مؤسسه‌ی جهانی معطوف به مطالعه پیرامون برندها، رسانه‌های تبلیغاتی و تحقیقات بازار است.

دوپلسیس در زمره نخستین افرادی بود که نگاهی علمی به کاربرد یافته‌های عصب‌شناسی در بازاریابی و تبلیغات داشت و همین موضوع موجب شد تا در سال ۲۰۰۸، کتاب ذهن تبلیغ‌شده (The Advertised Mind) را در ۲۳۲ صفحه منتشر و به بازار عرضه کند.

محوریت اصلی کتاب "ذهن تبلیغ‌شده" مبتنی بر دانش بازاریابی عصب‌پایه (نورومارکتینگ) و تبلیغات عصب‌پایه (نوروادورتایزینگ) است، و با ارائه‌ی شواهد و موارد علمی موجود در این حوزه، کاربردهای دانش عصب‌شناسی را در تحقیقات مرتبط با تبلیغات مورد بررسی قرار می‌دهد.

به اعتقاد دوپلسیس که خود سال‌ها در قامت یک محقق بازاریابی و تبلیغات مشغول به کار بوده است، رسالت نوروادورتایزینگ و مبانی آن علاوه بر تعمیق اثرات ناشی از پخش آگهی‌های بازرگانی در ذهن مخاطبان،

مشاهده‌ی چگونگی واکنش مغز مخاطبان در مقابل انواع تبلیغات است. اندازه‌گیری این واکنشها، ضمن فراهم ساختن شناختی ژرف و دقیق از رفتار مصرف‌کنندگان باب تحقیقات نوین در بازاریابی و تبلیغات را نیز می‌گشاید.

برای خواندن کتاب ذهن تبلیغ شده نیاز به آگاهی خاصی از علم عصب‌شناسی نیست و علاقه به نورومارکتینگ می‌تواند تنها دلیل مطالعه‌ی این کتاب خواندنی باشد. از سویی تبلیغات نیز ریشه در زندگانی اجتماعی افراد دارد و نقش آگاهی‌دهنده‌ی تبلیغات بیش از پیش موجب اهمیت یافتن آن می‌شود.

تبلیغات و کارکردهای آنچه از زمانهای بسیار دور و در شکل ثبت نشانه‌ها و کهن الگوها بر روی سفالینه‌ها و سطوح سنگی، و یا زمانی که جارچیان حکومتی با صدای خود به مردم در خصوص اخبار مملکتی آگاهی می‌دادند و پس از آن و در دوره‌ی اوج کمپینهای تبلیغاتی کلیسای مسیحی در قرن شانزدهم، شاهد فراز و نشیبهای بسیاری بوده است. تبلیغات همواره نقشی حیاتی در رونق کسب‌وکارها داشته و اصولاً کسانی در عرصه‌ی کسب‌وکار و تجارت موفق خواهند بودکه بهتر دیده شوند، و تبلیغات ابزاری است برای بهتر دیده شدن.

اما در حال حاضر و با وجود انفجار اطلاعاتی موجود تنها کسانی بهتر دیده خواهند شد، که بهتر بتوانند از مغز مخاطبانشان دلربایی کنند. در واقع هدف عمده از مطرح ساختن علوم میان رشته‌ای همچون نوروادورتایزینگ نیز همین مسأله است.

به هر ترتیب کتاب ذهن تبلیغ شده علاوه بر مرور مفاهیم اساسی در علم تبلیغات به بررسی موضوعات جالب توجهی مثل هوش مصنوعی و شبکه‌های عصبی در بازاریابی و تبلیغات نیز می‌پردازد. وجه اصلی تمایز این کتاب با دیگر کتب حوزه‌ی تبلیغات و بازاریابی در این است که اغلب

کتاب‌های مرتبط با تبلیغات با آنکه تبلیغات را یک فرایند (پردازش) فرض می‌کنند، اما توجه چندانی به ارگان پردازنده تبلیغات (یعنی مغز انسان) ندارند.

ساختار و محتوای کتاب "ذهن تبلیغ‌شده"

کتاب ذهن تبلیغ شده مشتمل بر ۲۲ بخش است که نگاهی شگرف به مغز انسان آن هم از دیدگاه یک متخصص تبلیغات دارد و با تلفیق دستاوردها و تئوریهای علوم اجتماعی و عصب‌شناسی، کاربرد این یافته‌ها در صنعت تبلیغات را برمی‌شمارد. لذا کتاب فوق منبعی الهام‌بخش برای طراحان و مجریان تبلیغات است.

گرچه تلاش همیشگی فعالان در صنعت تبلیغات و بازاریابان به یادماندنی ساختن تبلیغات خود بوده است، اما آنها تا همین اواخر فاقد سیستمی جامع، علمی، و دقیق برای سنجش میزان کارایی تبلیغات خود بودند. به هر ترتیب کتابهایی از این دست تنها گامهای ابتدایی در پر کردن خلأ سیستمی موجود و رویکرد علم محور به تبلیغات هستند. تبلیغات عصب‌پایه به عنوان دستمایه‌ی اصلی این کتاب، رویکردی نوین به ساخت و طراحی تبلیغات است.

آنچه در پی می‌خوانیم، نکاتی کوتاه در مورد محتویات کتاب دوپلسیس است و ما را تا حدودی با دانش نورواودورتایزینگ به عنوان یکی از زیرشاخه‌های نورومارکتینگ آشنا می‌کند:

> هیجان و احساس است که افکار خودآگاه ما را سیراب می‌کند، به آن شکل و شمایل می‌بخشد و آن را تحت کنترل قرار می‌دهد...
> **"اریک دوپلسیس"**

اریک دوپلسیس پس از بررسی ساختار مغز و عملکرد آن در سطح

سلولی به زبانی ساده و غیرفنی، به این واقعیت اشاره می‌دارد که هیجان و توجه دو مقوله‌ی اساسی در تبلیغات هستند؛ چرا که این دو کنترل رفتار و افکار ما را در دست دارند، و محققان بازار می‌توانند با بررسی این دو ویژگی در مغز و اندازه‌گیری آن به‌وسیله‌ی ابزار عصب‌شناسی (نظیر FMRI و امثال آن) به عمق و چند و چون پردازش تبلیغات در مغز مخاطبان دست یابند.

البته او تعریف خاص خود را از هیجان و احساس دارد، در دانش نوروادورتایزینگ مقصود از هیجان (Emotion) "خروجیهای سیستم لیمبک در مغز است". سیستم لمیبک و یا سیستم عصب احساسی ساختاری پیچیده متشکل از سازه‌های عصبی است که در بروز هیجانات و احساسات مختلف نقش دارد. بدین‌رو، این سیستم عامل حیات هیجانی محسوب می‌شود. سامانه‌ی لیمبیک ارتباطی تنگاتنگ با مرکز لذت مغز دارد و خود مرکز هیجانات مغز به شمار می‌رود.

از سوی دیگر سیستم لیمبیک را می‌توان مرکز دوست داشتن دانست. همین مسأله اهمیت شناخت این سازه در مغز را برای متخصصان تبلیغات پررنگ می‌کند. به اعتقاد دو پلسیس "میزان تبلیغ‌دوستی" (علاقه‌مندی مخاطب به تبلیغات) اصلی‌ترین پیش‌بینی‌کننده‌ی موفقیت آگهیهای بازرگانی و دیگر انواع تبلیغات است.

میزان علاقه‌مندی مخاطب به تبلیغات به عوامل بسیاری مثل طنزآمیز بودن تبلیغات، درون‌مایه‌ی بلندپروازانه‌ی آن و میزان ارتباط محتوای آن با مخاطب بستگی دارد. بنابراین، سرگرم‌کننده بودن، همدلانه بودن، و مرتبط بودن سه مؤلفه‌ی اساسی تبلیغات موثر به شمار می‌رود. البته به کارگیری همزمان این سه عامل در یک تبلیغ تجاری تنها موجب سردرگم شدن مخاطب می‌شود و از اثربخشی تبلیغات می‌کاهد.

مؤلف در بخش دیگری از کتاب خود به نتایج برخی تحقیقات در این

زمینه نیز اشاره می‌کند، دوپلسیس می‌گوید که طبق تحقیقات صورت گرفته دست‌کم ۲/۷۵ ثانیه توجه لازم است تا تبلیغات چاپی در ذهن مخاطب ماندگار شود. بنابراین اصل "تبلیغ دوستی" عامل تسریع کننده‌ی جلب توجه درمغز و ماندگاری تبلیغات در ذهن مخاطب است.

کتاب ذهن تبلیغ شده با معرفی "مدل فیلتر هیجانی" پایان می‌پذیرد. این مدل الگویی برای شناخت دقیق بازخوردهای هیجانی مخاطبان و درک واکنش‌های هیجانی آنها و تفسیر این قبیل رفتارها و واکنش‌ها است.

برای اطلاعات بیشتر می‌توانید به کتاب "نورومارکتینگ؛ نظریه و کاربرد" اثر اینجانب (پرویز درگی) مراجعه کنید.

گفتار سی‌ونهم
چگونه در سه گام ساده
یک کمپین تبلیغاتی موفق راه بیندازیم؟

کمپینهای تبلیغاتی عبارتند از برنامه‌ریزی منسجم تبلیغاتی و اجرای این برنامه‌ها در زمان مشخص. هدف عمده‌ی کمپینهای تبلیغاتی، اثربخش کردن و نیز پیشبرد اهداف بازاریابی است و در این مسیر از تخصصها و رسانه‌های مختلف بهره برده می‌شود. کمپینهای تبلیغاتی از چشم‌انداز شرکت، اهداف بازاریابی و سازمان فروش شرکتها الهام گرفته می‌شوند و قبل از اجرای آن می‌بایست برآورد مناسبی از بودجه‌ی مورد نظر صورت پذیرد و محیط رقابتی بخوبی رصد شود.

لذا به طور خلاصه کمپینهای تبلیغاتی مجموعه‌ای از روشها است که به‌وسیله‌ی مجموعه‌ای از افراد دارای تخصصهای مختلف و در جهت تحقق اهدافی خاص به کار گرفته می‌شود و خلاقیت، سادگی و نوآوری چاشنی آن محسوب می‌شود. افزایش میزان مصرف، تکرار خرید و تناوب آن و نیز افزایش برند آگاهی و یا تعداد مصرف‌کنندگان از جمله اهداف اساسی راه‌اندازی کارزارهای تبلیغاتی به شمار می‌روند. وجود هماهنگی راهبردی و انسجام در طول اجرای کمپینهای تبلیغاتی از اهمیت بسیاری برخوردار

است. روشهای بسیاری برای اداره‌ی کمپینهای تبلیغاتی وجود دارد که همگی تقریباً از یک خط مشی پیروی می‌کنند.

اجرای صحیح یک کمپین تبلیغاتی مستلزم پیمودن گامهایی چند از جمله تدوین برنامه‌ی بازاریابی و تبلیغاتی، تعیین بودجه‌ی تبلیغاتی و به تناسب آن انتخاب روش مناسب برای انجام تبلیغات، شناسایی مخاطبان و رسانه‌ی مناسب، نوآوری و وجود انسجام و ثبات و تناوب در اجرای کمپین و فعالیتهای تبلیغاتی است. برای برنامه‌ریزی دقیق یک کمپین نیاز است تا ابتدا موقعیت خود در بازار را بسنجیم و سپس به رصد محیط رقابتی پرداخته و پس از اجرای کمپین یک ارزیابی دقیق از اثربخشی آن صورت دهیم. کمپینهای تبلیغاتی کاربردهای فراوانی در عرصه‌های تجاری، سیاسی، فرهنگی، اقتصادی و اجتماعی دارند و نقش آگاهی‌بخش آنها غیرقابل انکار است.

چگونه یک کمپین تبلیغاتی راه‌اندازی کنیم؟

شناسایی و درک مخاطبان هدف یکی از مهمترین وجوه بازاریابی باشد. این مهم در بطن یک کمپین موفق بازاریابی قرار دارد و چنانچه این موضوع جدی گرفته نشود، می‌تواند پیامدهای منفی بسیاری داشته باشد.

گامهای سه‌گانه‌ی اصلی در خلق و راه‌اندازی کمپینهای تبلیغاتی به ایجاد این زیربنا کمک بسزایی می‌کند و می‌تواند تضمین‌کننده‌ی موفقیت در اجرای کمپینهای بازاریابی باشد. در ادامه به بررسی سه گام در ایجاد و راه‌اندازی کمپینهای تبلیغاتی می‌پردازیم:

گام اول: مخاطب هدفمان چه کسی است؟

شناخت بازار هدف چه از طریق انجام تحقیقات بازار و چه ارزیابی مشتریان موجود، الفبای بازاریابی به شمار می‌رود. به محض آنکه بازار هدفتان را

شناسایی کردید، باید عمیقاً آنها را بشناسید و از علاقه‌مندیها و تصورات‌شان آگاه باشید و مهمتر از هر چیز دانستن طرز فکر آنها در خصوص برند شما است.

● نمونه‌ی موردی: کمپین خیریه

یکی از سازمانهای غیرانتفاعی فعال در حوزه‌ی یاری‌رسانی به قشر سالخورده جهت جمع‌آوری اعانه و کمکهای مالی به مخاطبان جوان رجوع کرد، که در شرایط عادی چندان رغبتی به شرکت در چنین رویدادهای اجتماعی ندارند و احساس تعلقی به آرمان این قبیل سازمانها نمی‌کنند. این سازمان خیریه به منظور جلب‌نظر مخاطبان جوان خود اقدام به راه‌اندازی کمپین فروش لباسهای دست دوم به نفع امور خیریه کرد.

این ایده با وجود سادگی بسیار جذاب می‌نمود. البسه و جواهرآلات و ابزار دست دوم مسن‌ترها جمع‌آوری و به زیبایی بسته‌بندی و برندگذاری می‌شد. و سپس به‌صورت آنلاین به قشر جوان فروخته می‌شد.

تمامی عایدات فروش به سالخوردگان تحت پوشش اهدا می‌شد. این کمپین از طریق فعالیتهای روابط عمومی و تبلیغاتی و نیز از جانب چهره‌های مشهور پشتیبانی می‌شد و توفیقات بسیار می‌یافت. این مثال بخوبی مؤید اهمیت شناخت و درک مخاطبان است.

گام دوم: پیام بازاریابی‌تان چیست؟

به محض شناسایی مخاطب هدف، می‌بایست پیام بازاریابی اثربخشی لازم برحسب علائق، ویژگیهای شخصی و ارزشهای مخاطبان را داشته باشد.

● نمونه‌ی موردی: خدمات آموزشی آکانکشا

آکانکشا یک خدمت آموزشی رایگان برای کودکان محروم ساکن در ایالت

بمبئی هندوستان است که نیاز مبرمی به معلمان داوطلب داشت. چالش جدی پیش روی این سازمان آن بود که مخاطبان هدف آن به حد کافی خود را برای تدریس دارای صلاحیت نمی‌دانستند. این مؤسسه به‌منظور اصلاح این طرز فکر یک کمپین با پیامی ساده را تدارک دید: "تدریس آسان است." دست‌درکاران به منظور انتقال این پیام کلاسهای درس عمومی را در معابر شهر تعبیه کردند و از رهگذران می‌خواستند تا در جایگاه معلم حاضر شوند و طعم شیرین درس دادن را بچشند. در این کمپین نیز چهره‌های مشهور محلی شراکت داشتند و هیاهوی زیادی پیرامون آن در مجامع برپا شد. مهمتر آنکه بازار هدف به اهمیت آموزش پی برد و پیام این سازمان را بخوبی درک کرد.

گام سوم: چگونه باید پیام خود را تحویل دهیم؟

دانستن اینکه مخاطبان ما بیشتر در معرض چه رسانه‌هایی قرار دارند، بخشی از مطالعه درخصوص مخاطبان هدف به شمار می‌رود. به عبارت دیگر باید پاتوقهای رسانه‌ای آنها را بیابیم. حال باید به این موضوع توجه کنیم که چگونه و در کجا باید پیام خود را به اثربخش‌ترین شکل ممکن تحویل مشتری بدهیم.

● **نمونه‌ی موردی: صابون لایف‌بوی**

لایف‌بوی از شاخص‌ترین تولیدکنندگان محصولات بهداشتی بویژه صابون است. این شرکت به منظور ترویج و فرهنگ‌سازی در خصوص ضرورت شستشوی دستها بویژه قبل از غذا خوردن، یک کمپین حسی را در یکی از بزرگترین جشنواره‌های مذهبی هندوستان به راه انداخت.

در جشنواره‌ی مشهور ماهاکومبامالا معمولاً به هنگام عصر، نان مخصوصی در میان جمعیت فراوان حاضر توزیع می‌شود. لذا لایف‌بوی با

درک این فرصت اقدام به چاپ پیامی (خوردنی) روی نان‌ها کرد که افراد را به شستن دست‌ها با صابون لایف‌بوی قبل از خوردن ترغیب می‌کرد. این ابتکار آن هم در میان سیل جمعیت حاضر، تجربه‌ای بسیار غافلگیرانه برای هندوها بود، ضمن آنکه برند لایف‌بوی را در معرض دید مخاطبان قرار می‌داد.

● **نتیجه‌گیری**: هر چه بهتر مخاطب خود را بشناسید، با اثربخشی بالاتری قادر خواهید بود که با آن‌ها ارتباط برقرار کنید.

گفتار چهلم
چگونه اثرگذاری تبلیغات خود را بسنجیم:
آشنایی با مدل داگمار

داگمار (DAGMAR) از اصطلاحات و الگوهای مدرن و نوظهور در ادبیات بازاریابی و تبلیغات به شمار می‌آید که از سرواژگان عبارت انگلیسی (Defining Advertising Goals for Measured Advertising Results) تشکیل شده است، و به معنای تعریف اهداف تبلیغات به منظور ارزیابی نتایج تبلیغات است.

شناسایی و تعیین مؤلفه‌های تشکیل‌دهنده‌ی یک هدف تبلیغاتی اثربخش، از رسالتهای مهم مدل داگمار در تبلیغات است. در این روش موفقیت و یا شکست تبلیغات در گرو میزان کارآیی فرایند ارتباطات در آن و نیز انتقال اطلاعات مناسب به مخاطبان هدف، در زمان مناسب و با هزینه‌ی مناسب است. از منظر مدل داگمار، هدف تبلیغاتی شامل وظیفه‌ای ارتباطی است که مشخص و قابل اندازه‌گیری باشد.

مدل داگمار می‌تواند کمک شایان توجهی به اثربخش ساختن کمپین‌های تبلیغاتی بویژه در کسب‌وکارهای خرد کند و آن را بهبود دهد.

تبلیغات و ترویج به عنوان یکی از ارکان آمیخته‌ی بازاریابی نقش بسزایی

در سیاستها و راهبردهای بازاریابی سازمانها دارد و نقشی حیاتی در موضوعاتی نظیر ارتباط با مشتریان، معرفی محصولات جدید، اصلاح و تغییر ذهنیت مشتریان و مخاطبان نسبت به برند سازمان ایفا می‌کند. با وجود اهمیت انکارناپذیر تبلیغات، اما گاه به بهانه‌ی هزینه بر بودن و احیاناً بی‌اثر بودن از آن صرف‌نظر می‌شود، بویژه از جانب کسب‌وکارهای کوچک.

در این میان عدم هدف‌گذاری صحیح در تبلیغات را می‌توان از جمله آسیبهای کنونی بازار دانست. با این حال شناخت برخی مدلهای ارزیابی تبلیغات نظیر مدل آیدا (AIDA) و مدل داگمار می‌تواند به کسب‌وکارهای کوچک در برنامه‌ریزی صحیح برای اجرای تبلیغات کارآمد و اثربخش کمک کند. مدل آیدا، مدلی شناخته‌شده‌تر در ارزیابی تبلیغات است و شیوه‌ای چهار وجهی را برای برنامه‌ریزی و سنجش تبلیغات ارائه می‌کند که شامل مؤلفه‌های جلب توجه (Attention)، ایجاد علاقه (Interest)، تحریک تمایل (Desire) و جهت دادن برای خرید و عمل (Action) می‌شود. اما مدل داگمار علاوه برکاربرد در طراحی تبلیغات در ارزیابی نتایج کمپین‌های تبلیغاتی و ترویجی نیز کاربرد دارد.

مدل تبلیغات داگمار متشکل از سه بخش عمده است:

- بخش اول تعریف اهداف تبلیغاتی است، که به این وسیله می‌توان نتایج و اثربخشی کمپین‌های و کارزارهای تبلیغاتی را نسبت به اهداف از پیش تعیین شده سنجید.
- در بخش دوم مدل بیان می‌شود که هر مشتری به‌منظور دست یافتن به هدف نهایی (خرید محصول یا خدمت) از چهار مرحله عبور می‌کند. این ۴ مرحله عبارتند از:

۱- آگاهی از وجود محصول یا خدمت

۲- درک کارایی محصول و چیستی آن

۳- اقناع
۴- عمل، یا سوق دادن مشتری به خرید

● و اما بخش آخر مدل داگمار اندازه‌گیری نتایج تبلیغات و مقایسه آن با اهداف اولیه است.

گام اول در مدل داگمار: تعریف و تعیین اهداف تبلیغات

نقطه‌ی آغاز هر حرکت در فعالیتهای تجاری، تعیین اهداف بوده و این هدفها هستند که مسیر فعالیتها را روشن می‌کنند. هدف اولیه در مدل داگمار نیز تعیین اهداف تبلیغاتی است.

یکی از وظایف اساسی مدل داگمار در تبلیغات، شناسایی اجزا و مؤلفه‌های تشکیل‌دهنده‌ی یک هدف مناسب تبلیغاتی است. هدف تبلیغاتی، باید دارای وظیفه‌ی ارتباطی مشخص و قابل اندازه‌گیری باشد، از پیش مخاطبان هدف را مشخص کند و چارچوب زمانی تعیین شده برای دستیابی به اهداف تبلیغات را معین کند. برای سنجش میزان اثربخشی تبلیغات، باید قبل از شروع آن به شرایطی فعلی واقف بود و پس از پایان نیز نسبت به شرایط جدید اشراف یافت.

از این رو لازم است تا پیمایشی دقیق از مخاطبان صورت گیرد تا میزان آگاهی و ادراک، آنها به دست آید. این مهم موجب آن می‌شود که اهدافی واقعی‌تر و ملموستر برای کمپین‌های تبلیغاتی تعیین شود.

گام دوم در مدل داگمار: آگاهی، ادراک، اقناع و تحریک به خرید

در این بخش تلاش می‌شود تا فرایندی که مشتریان قبل از خرید یک محصول طی می‌کنند توصیف شود. این فرایند بشرح زیر است:

● قدم اول در تبلیغات افزایش آگاهی از محصول است. چنانچه

مشتری از وجود یک محصول آگاه نباشد، پس انتظار خرید هم غیرمنطقی خواهد بود. به منظور اطمینان از اثربخشی کمپین های تبلیغاتی، تعیین مخاطب هدف حیاتی است.

- ادراک قدم بعدی است، و منظور از آن این است که مشتریان درک کنند که محصول شما چیست و چه کاری را برای آنها انجام خواهد داد و کارآیی محصول تان چیست. تبلیغاتی که به مشتریان در درک مزایا و ویژگی های محصول عرضه شده کمک می کنند، موجب افزایش سطح ادراک از برند می‌شوند. به محض آنکه مشتری از وجود محصول و چیستی آن آگاه شد، باید در جهت توسعه‌ی تمایل ذهنی مشتری برای خرید کالا کوشید.

در این مرحله باید گرایشی مثبت نسبت به محصول در مشتری به‌وجود آورد و او را از نظر ذهنی برای خرید متقاعد کرد. دیوید مرچر نیز در کتاب بازاریابی خود از این مرحله به عنوان فاز اقناع ذهنی مشتری برای کسب نگرشی مثبت در خصوص محصول یاد می کند.

- مرحله‌ی آخر مرحله‌ی اقدام و عمل است. به طور کلی هدف اصلی تبلیغات و بازاریابی افزایش فروش ومیزان درآمد است. در این مرحله مشتری را وادار به خرید می‌کنیم و هر اقدامی را صورت می‌دهیم تا مشتری را قدمی به سمت خرید نهایی نزدیک‌تر کنیم.

گام سوم در مدل داگمار: اندازه‌گیری اثربخشی تبلیغات

در گام نخست داگمار اهداف کمپین تبلیغاتی مورد نظر تعیین می‌شوند. و اما مرحله‌ی آخر فاز ارزیابی نتایج و تطبیق آن با اهداف از پیش تعیین شده است. در این مرحله می‌توان مجدداً پیمایشی را از میزان برند-آگاهی

و میزان ادراک و سطح اقناع مشتری صورت داد.

روش داگمار تأثیر قابل توجهی در فرایند هدف‌گذاری و ارزیابی تبلیغات دارد و می‌تواند به عنوان شالوده‌ی ارزیابی اثربخشی کمپینهای تبلیغاتی مورد استفاده قرار گیرد.

آشنایی با فعالیتهای

▼

شرکت توسعه مهندسی بازارگستران آتی
(TMBA)

TMBA در یک نگاه

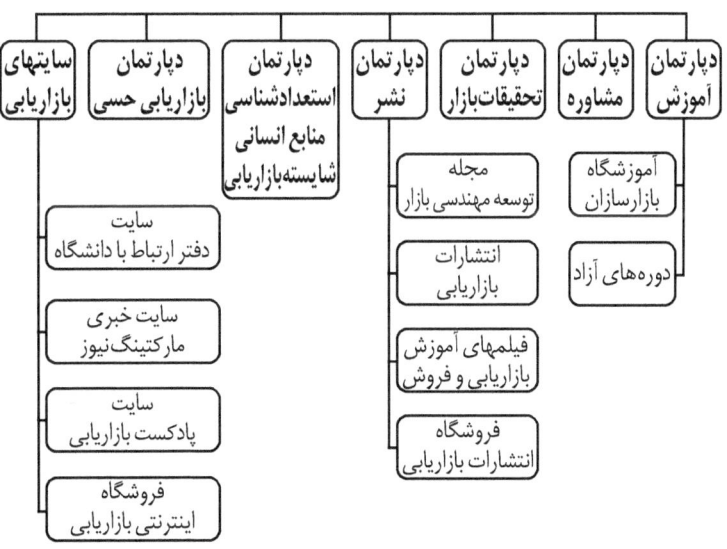

نشانی: تهران، خیابان آزادی، جنب مترو آزادی، خیابان شاهین، پلاک ۶، طبقه ۳،
صندوق پستی: ۱۳۴۴۵/۱۳۴۵ - تلفن: ۴-۶۶۰۲۸۴۰۱ - فاکس: ۶۶۰۲۸۴۰۵ - همراه: ۰۹۱۲۱۹۹۴۲۸۱
www.TMBA.ir   Email: info@TMBA.ir

شرکت توسعه مهندسی بازار گستران آتی (TMBA)

شرکت توسعه مهندسی بازار گستران آتی، تنها شرکت بازاریابی در ایران است که تمامی فعالیتهای آموزش بازاریابی، مشاوره بازاریابی، تحقیقات بازاریابی، انتشارات بازاریابی (کتابهای بازاریابی و مجله‌ی بازاریابی با عنوان توسعه مهندسی بازار)، استعدادشناسی منابع انسانی شایسته‌ی بازاریابی، و بازاریابی حسی را بر عهده دارد.

■ **شماره‌ی ثبت:** ۲۳۷۸۰۸ ■ **سال تأسیس:** ۱۳۸۳

• **مدیریت** TMBA:

مدیریت TMBA بر عهده‌ی پرویز درگی، مدرس دوره‌های تخصصی بازاریابی در مقطع کارشناسی ارشد دانشگاه، مشاور و محقق بازاریابی است.

• **رسالت** TMBA:

ارتقای سطح کسب‌وکار بنگاههای اقتصادی طرف قرارداد با ارائه‌ی خدمات آموزشی، مشاوره، تحقیقات، و نشر مباحث بازاریابی به نحوی که بتوانیم ارزش مطلوبتری را برای مشتریان ارائه دهیم و در راستای رسیدن به

نشانی: تهران، خیابان آزادی، جنب مترو آزادی، خیابان شاهین، پلاک ۶، طبقه ۳،
صندوق پستی: ۱۳۴۴۵/۱۳۴۵ - تلفن: ۴-۶۶۰۲۸۴۰۱ - فاکس: ۶۶۰۲۸۴۰۵ - همراه: ۰۹۱۲۱۹۹۴۲۸۱
www.TMBA.ir Email: info@TMBA.ir

هدفهای فوق در فضای رقابتی موفق باشیم.

• **خط‌مشی کیفیت TMBA**:

مدیریت شرکت، خود را در قبال کیفیت متعهد می‌داند و بر کیفیت پویا تأکید می‌کند و به ۴ موردی که در پی می‌آید، اعتقاد دارد:

۱- افزایش رضایت مشتریان با احترام گذاردن به نظرات ایشان
۲- ارتقای صلاحیت منابع انسانی به عنوان باارزشترین سرمایه‌های شرکت
۳- استفاده از تکنولوژی روز به منظور ارائه‌ی خدمات بهتر برای کارفرمایان
۴- بهبود فرایندهای بازاریابی و گسترش جغرافیایی فعالیتهای شرکت.

• **عضویتها**:

- عضو انجمن تحقیقات بازاریابی اروپا (ESOMAR)
- عضو آکادمی علوم بازاریابی (AMS)
- عضو انجمن تحقیقات بازاریابی ایران
- عضو انجمن روانشناسی اجتماعی ایران
- عضو انجمن علمی بازاریابی ایران
- عضو انجمن صنفی مشاوران مدیریت ایران
- عضو انجمن روابط عمومی ایران
- عضو اتحادیه‌ی صنف ناشران و کتابفروشان
- دارای پروانه‌ی انتشار نشریه‌ی "توسعه مهندسی بازار" از وزارت فرهنگ و ارشاد اسلامی با گستره‌ی سراسری
- دارای پروانه‌ی "انتشارات بازاریابی" از وزارت فرهنگ و ارشاد اسلامی
- دارای مجوز آموزشگاه بازارسازان از سازمان آموزش فنی و حرفه‌ای کشور

نشانی: تهران، خیابان آزادی، جنب مترو آزادی، خیابان شاهین، پلاک ۶، طبقه ۳.
صندوق پستی: ۱۳۴۴۵/۱۳۴۵ - تلفن: ۴-۶۶۰۲۸۴۰۱ - فاکس: ۶۶۰۲۸۴۰۵ - همراه: ۰۹۱۲۱۹۹۴۲۸۱
www.TMBA.ir   Email: info@TMBA.ir

- **وجوه تمایز** TMBA:
  - کاربردی کردن مطالب علمی در حوزه‌های آموزش، مشاوره، تحقیق و نشر، با نگرش بازار ایران
  - بهره‌مندی از استادان مجرب دانشگاهی که سوابق اجرایی و مشاوره در بنگاههای اقتصادی موفق دارند
  - واجد تیم کارشناسی مجرب و حرفه‌ای

- **شعار خانواده‌ی** TMBA:

امید، آگاهی و مهارت را با دقت، سرعت و کیفیت عرضه می‌کنیم.

- **مشتریان ما:**

اسامی بعضی از بنگاههای اقتصادی که TMBA افتخار همکاری با ایشان را داشته است	
فرآورده‌های لبنی میهن	هتل امیرکبیر اراک
بانک اقتصاد نوین	شرکت سایپا دیزل
فولاد هفت الماس	لیان گلچین جنوب
اتاق بازرگانی و صنایع و معادن اصفهان	بازرگانی لطیفی
چای گلستان	اطلس خودرو
رامک	آلوم پک
مهیا پروتئین	تامر
بانک سامان	بازرگانی صوفیانی
بوش (ابزارسرا)	شودر
شرکت صنایع استیل البرز	آرد سینا
سازه‌گستر سایپا	شبکه بین‌المللی آفتاب
گروه صنعتی امرسان	سلامت سبز آسیا
پیام همشهری	شرکت چرم مشهد

نشانی: تهران، خیابان آزادی، جنب مترو آزادی، خیابان شاهین، پلاک ۶، طبقه ۳،
صندوق پستی: ۱۳۴۴۵/۱۳۴۵ - تلفن: ۴-۶۶۰۲۸۴۰۱ - فاکس: ۶۶۰۲۸۴۰۵ - همراه: ۰۹۱۲۱۹۹۴۲۸۱
www.TMBA.ir Email: info@TMBA.ir

اسامی بعضی از بنگاههای اقتصادی که TMBA افتخار همکاری با ایشان را داشته است	
شرکت محور ماشین	آرد البرز
بانک توسعه صادرات	شرکت هپکو
توزیع داروپخش	شرکت همانندسازبافت
بیمه سامان	شرکت مگاموتور
همگام خودرو	شرکت فرش مشهد
گروه اشی مشی	شرکت بازارنگر
آلپ	پاتیلان صنعت
شرکت اریکه درنا-مواد غذایی	آسان موتور
گروه صنعتی ایران خودرو	فولاد اسفراین
شرکت مرغ اجداد ارم	اعلاء ریس
سازمان بنادر و کشتیرانی جمهوری اسلامی ایران	طرح سازگوهر
شرکت الدورا	بانک ملی ایران
انجمن اپتیک	فورتکس
شرکت پخش پیشگام وابسته به گروه تاژ	پرمیت
نفت پاسارگاد	شرکت ورق کار-تزئینات ساختمان
شرکت زانتوس	گروه بهپرور ارومیه
ستاد کارآفرینی شهرداری تهران	کشتیرانی جمهوری اسلامی ایران
پیشرانه	شرکت فنرلول ایران
سازمان اقتصادی کوثر	مجتمع فولاد آلیاژی اصفهان
فراورده‌های گوشتی آندره	گلشاد مشهد
فروش خودرو ایرانیان	بیمه پارسیان
پلی پک	شرکت پارس خودرو
تک ماکارون	آرتاجوجه
پتوی پرنیا	آفرینگان نوین
پیروزان صنعت	آپادانا سرام
چاپ شباهنگ	شرکت پک تین -کره بادام زمینی پرارین

نشانی: تهران، خیابان آزادی، جنب مترو آزادی، خیابان شاهین، پلاک ۶، طبقه ۳،
صندوق پستی: ۱۳۴۴۵/۱۳۴۵ - تلفن: ۴-۶۶۰۲۸۴۰۱ - فاکس: ۶۶۰۲۸۴۰۵ - همراه: ۰۹۱۲۱۹۹۴۲۸۱
www.TMBA.ir   Email: info@TMBA.ir

اسامی بعضی از بنگاههای اقتصادی که TMBA افتخار همکاری با ایشان را داشته است	
شرکت سهامی صنایع شیر ایران	شرکت دام و دریا - کنسرو پونل
کومت	بینا رزن
ایران بهکار	بهستان دارو
نساجی نخ‌ریس البرز	ساپیا یدک
الوگیفت	صبا جهاد
نان البرز	اکسپو کیش
ایساکو	شهر نیرو سپاهان
پگاه سیستم	فراورده‌های شیلاتی بندر عباس
شرکت اطلس‌پود	شرکت نفت ایرانول
شرکت شهرکهای صنعتی- اصفهان	شرکت پارسا ابزارتندیس Ronix
شرکت نام نیک -کیک آشنا	سرمایه‌گذاری غذایی تامین
نوآوران آیدا پلاستیک	گلدن گروپ
شرکت توسعه سرزمین هوشمند	لینا (اسنک)
هواساز	آسان شایان
نگارستان (کاشی و سرامیک)	پارسامهر آرین
امیران نیکنام	و...

برای اطلاعات بیشتر از مشتریان تازه‌ی شرکت TMBA می‌توانید به پرتال شرکت TMBA به نشانی www.TMBA.ir مراجعه کنید.

• دپارتمان آموزش:

▪ آموزشگاه بازارسازان:

در سال ۱۳۹۱، آموزشگاه بازارسازان با دریافت مجوز از سازمان فنی و حرفه‌ای کشور، تأسیس شد. این آموزشگاه، آموزش نیروهای مجرب و حرفه‌ای را برای فعالیتهای متنوع فروش، بازاریابی، ویزیتوری، تبلیغات، و... بر عهده دارد.

نشانی: تهران، خیابان آزادی، جنب مترو آزادی، خیابان شاهین، پلاک ۶، طبقه ۳،
صندوق پستی: ۱۳۴۴۵/۱۳۴۵ - تلفن: ۴-۶۶۰۲۸۴۰۱ - فاکس: ۶۶۰۲۸۴۰۵ - همراه: ۰۹۱۲۱۹۹۴۲۸۱
www.TMBA.ir Email: info@TMBA.ir

■ **دوره‌های آزاد:**

۱- برگزاری ۵ دوره‌ی کاربردی جامع مدیریت بازاریابی با همکاری دانشکده مدیریت دانشگاه تهران.
- ویژگیهای دوره: طول هر دوره ۲۰۰ ساعت طراحی شده بود.
- شروع دوره‌ی اول: ۵ خرداد ۱۳۸۸
- صدور گواهینامه: دانشکده‌ی مدیریت دانشگاه تهران.

۲- برگزاری ۴ دوره ی تربیت ویزیتور با همکاری دانشکده‌ی مدیریت دانشگاه تهران.
- شروع دوره‌ی اول: ۱۴ آبان ماه ۱۳۸۸
- صدور گواهینامه: دانشکده مدیریت دانشگاه تهران.

۳- سمینارها و دوره‌های سفارسی مشتریان: سمینارهای و دوره‌هایی که سازمانها بنا به صنعت خاص خود، سفارش می‌دهند.

■ **برگزاری دوره‌های آموزش بازاریابی (به صورت رایگان):**

۴- خانه‌ی هنرمندان ۱۳۸۵ و ۱۳۸۶ (کارفرما: پیام همشهری/ مجری: TMBA؛ دوره‌ی خاص برای بازاریابهای مطبوعاتی و شرکتهای تبلیغاتی)

۵- دانشکده‌ی مدیریت دانشگاه تهران ۱۳۸۷ (کارفرما: پگاه سیستم/ کمیته‌ی علمی: شرکت TMBA / دوره‌ی خاص برای مدیران ارشد سازمانها)

۶- دانشگاه صنعتی شریف؛ ۱۳۸۹ (کارفرما: سازمان آگهیهای روزنامه‌ی ایران/ مجری: TMBA / ویژه‌ی مدیرعاملان و مدیران ارشد سازمانها)

برای ثبت‌نام در دوره‌ها و هرگونه اطلاع بیشتر از دوره‌های آموزش و آموزشگاه بازارسازان، به سایت www.MarketingSchool.ir مراجعه کنید.

نشانی: تهران، خیابان آزادی، جنب مترو آزادی، خیابان شاهین، پلاک ۶، طبقه ۳،
صندوق پستی: ۱۳۴۴۵/۱۳۴۵ - تلفن: ۴-۶۶۰۲۸۴۰۱ - فاکس: ۶۶۰۲۸۴۰۵ - همراه: ۰۹۱۲۱۹۹۴۲۸۱
www.TMBA.ir Email: info@TMBA.ir

• دپارتمان مشاوره:

فعالیتهای این بخش به شرح زیرند:

۱- طراحی و پیاده‌سازی سازمان بازاریابی و فروش از آغاز تا انجام (A تا Z)

۲- ارزیابی متقاضیان استخدام در حوزه‌ی Marketing با نگرش PEO

۳- مشاوره در خصوص چگونگی ارتقای فروش

۴- مشاوره در خصوص فعالیتهای صادرات و واردات

۵- مشاوره در ابعاد مختلف Promotion شامل تبلیغات، روابط عمومی، چاشنیهای فروش، بازاریابی مستقیم و فروش شخصی

۶- سایر فعالیتهای مرتبط متناسب با نیاز بنگاه اقتصادی نظیر قیمت‌گذاری، ارائه‌ی محصول جدید به بازار، توزیع و...

برای اطلاع بیشتر می‌توانید به سایت www.MarketingConsulting.ir مراجعه کنید.

• دپارتمان تحقیقات بازاریابی:

تمامی پروژه‌های تحقیقات بازاریابی با نظارت مدیرعامل TMBA (عضو هیأت مدیره‌ی انجمن تحقیقات بازاریابی ایران، عضو هیأت مدیره‌ی انجمن علمی بازاریابی ایران، و عضو هیأت علمی مقطع کارشناسی ارشد سازمان مدیریت صنعتی) تدوین و اجرا می‌شوند.

عناوین بعضی از پروژه‌های تحقیقاتی عبارتند از:

- طرح شناخت (مطالعه‌ی محیط داخلی بنگاه اقتصادی)
- تحقیقات تست ایده (Concept Test) قبل از خلق محصول

- تحقیقات تست محصول (Product Test) قبل از خلق محصول
- سنجش صدای مشتری (VOC)
- ارزیابی رضایت مشتری (CSM) شامل درصد نارضایتی و علل نارضایتی
- ارزیابی رضایت کارکنان (ESM) شامل درصد و علل نارضایتی
- ارزیابی رضایت عمده‌فروشان و خرده‌فروشان از نیروهای فروش و عوامل توزیع
- بررسی سیستم توزیع و شناخت نقاط قوت و نقاط ضعف آن در سطوح عمده‌فروشی، خرده‌فروشی، نمایندگیها و شعب
- بررسی اثربخشی فعالیتهای مختلف ترویج شرکت (تبلیغات، روابط عمومی، فروش شخصی، چاشنیهای فروش، بازاریابی مستقیم)
- بررسی قیمت و سیاستهای قیمت‌گذاری
- بررسی جنبه‌های مختلف محصول (کیفیت، بسته‌بندی، برند، خدمات حمایتی، و...)
- بررسی جایگاه شرکت در صنعت (رتبه - سهم بازار، و جایگاه برند)
- برآورد تقاضا و پیش‌بینی فروش
- امکان‌سنجی به‌منظور افزایش طول خط محصول (تنوع در محصولات موجود) و عرض خط محصول (اضافه کردن محصول جدید به سبد تولیدات شرکت)
- مطالعات کتابخانه‌ای مرتبط با موضوع تحقیق به منظور جمع‌آوری اطلاعات ثانویه
- تهیه‌ی برنامه‌ی بازاریابی (Marketing plan) در قالب رویکردی سازمان‌یافته و جامع

نشانی: تهران، خیابان آزادی، جنب مترو آزادی، خیابان شاهین، پلاک ۶ طبقه ۳، صندوق پستی: ۱۳۴۴۵/۱۳۴۵ - تلفن: ۴-۶۶۰۲۸۴۰۱ - فاکس: ۶۶۰۲۸۴۰۵ - همراه: ۰۹۱۲۱۹۹۴۲۸۱
www.TMBA.ir   Email: info@TMBA.ir

برای اطلاع بیشتر می‌توانید به سایت www.Marketing-Research.ir مراجعه کنید.

• دپارتمان استعدادشناسی منابع انسانی شایسته‌ی بازاریابی:

دپارتمان استعدادشناسی منابع انسانی شایسته‌ی بازاریابی، دو وظیفه‌ی عمده دارد:

۱- ارزیابی همکاران فعلی حوزه بازاریابی و فروش و میز پذیرش (منشی و...) در سازمانها

۲- ارزیابی علاقه‌مندان به همکاری در قسمتهای بازاریابی و فروش و میز پذیرش

برای اطلاعات بیشتر به سایت دپارتمان استعدادشناسی منابع انسانی شایسته‌ی بازاریابی به‌نشانی www.MarketingJobs.ir مراجعه کنید.

• دپارتمان بازاریابی حسی - میدانی

فعالیتهای این واحد در دو حوزه‌ی بازاریابی حسی و بازاریابی میدانی خلاصه می‌شود:

▪ بازاریابی حسی:

از واحد بازاریابی حسی می‌توان موارد زیر را انتظار داشت:

۱- افزایش فروش

۲- افزایش آگاهی در مورد برند

۳- افزایش پاخور فروشگاه و افزایش بازدید از وب‌سایت شرکت

نشانی: تهران، خیابان آزادی، جنب مترو آزادی، خیابان شاهین، پلاک ۶، طبقه ۳،
صندوق پستی: ۱۳۴۴۵/۱۳۴۵ - تلفن: ۴-۶۶۰۲۸۴۰۱ - فاکس: ۶۶۰۲۸۴۰۵ - همراه: ۰۹۱۲۱۹۹۴۲۸۱
www.TMBA.ir Email: info@TMBA.ir

۴- به زندگی آوردن شخصیت برند
۵- افزایش وفاداری مشتری
۶- کسب اعتبار در بین بخش خاصی از مشتریان هدف (niche)
۷- ایجاد تبلیغات دهان به دهان
۸- ایجاد مبلغان و مروجان برند
و...

- **بازاریابی میدانی**

در این حوزه به فعالیتهای برونسپاری شده‌ی شرکتها برای فروش و ترویج پاسخ می‌دهیم.

برای توضیحات بیشتر در مورد فعالیت این دپارتمان می‌توانید به سایت اینترنتی www.ExperientialMarketing.ir و یا www.FieldMarketing.ir مراجعه کنید یا با شماره تلفنهای شرکت TMBA تماس بگیرید.

• بانک مقالات بازاریابی و سایت دفتر ارتباط با دانشگاه:

TMBA بنا به مسئولیتهای اجتماعی وظیفه دارد پل ارتباطی صنعت با دانشگاه باشد. تمامی دپارتمانهای این شرکت نیز در خدمت همین ارتباط - صنعت با دانشگاه - است.

سایت بانک مقالات بازاریابی از سال ۱۳۸۶ در شرکت TMBA تأسیس شد. این سایت هم‌اکنون میزبان بیش از ۳۰۰۰ مقاله است.

- سایت بانک مقالات بازاریابی: www.MarketingArticles.ir

نشانی: تهران، خیابان آزادی، جنب مترو آزادی، خیابان شاهین، پلاک ۶، طبقه ۳،
صندوق پستی: ۱۳۴۴۵/۱۳۴۵ - تلفن: ۴-۶۶۰۲۸۴۰۱ - فاکس: ۶۶۰۲۸۴۰۵ - همراه: ۰۹۱۲۱۹۹۴۲۸۱
www.TMBA.ir Email: info@TMBA.ir

استقبال فراوان دانشگاهها و مراکز علمی از این سایت، TMBA را بر آن داشت تا سایت مستقلی را به‌نام دفتر ارتباط با دانشگاه در آذرماه سال ۱۳۸۹ راه‌اندازی کند.

این سایت وظیفه دارد اخبار و اطلاعات دانشگاهها و مراکز علمی را در حوزه‌های بازاریابی، تبلیغات، اقتصاد، مدیریت، و MBA معرفی کند

- سایت دفتر ارتباط با دانشگاه: www.UniversityAndMarket.ir

• انتشارات بازاریابی:

انتشارات بازاریابی با هدف ارتقای دانش حرفه‌ای مدیران بویژه مدیرعاملان و مدیران بازاریابی و فروش، در دو حوزه‌ی ۱) کتابهای بازاریابی و ۲) مجله‌ی بازاریابی فعالیت می‌کند.

- **مدیر مسئول:** پرویز درگی
- **مدیر اجرایی:** احمد آخوندی
- **آغاز فعالیت:** ۱۵ خرداد ۱۳۹۰

- فهرست کتابهای انتشارات بازاریابی به شرح زیرند:

۱- کتاب "مدیریت فروش و فروش حضوری با نگرش بازار ایران" تألیف پرویز درگی (چاپ هفدهم).

۲- کتاب "تحقیقات بازاریابی در یک هفته" ترجمه‌ی محمدحسن امامی و پرویز درگی (چاپ دوم).

۳- کتاب "کسب‌وکار نام‌های تجاری" ترجمه‌ی پرویز درگی و عطیه بطحایی.

۴- کتاب "مباحث و موضوعات مدیریت بازاریابی با نگرش بازار ایران" تألیف پرویز درگی (چاپ سوم).

نشانی: تهران، خیابان آزادی، جنب مترو آزادی، خیابان شاهین، پلاک ۶، طبقه ۳،
صندوق پستی: ۱۳۴۴۵/۱۳۴۵ - تلفن: ۴-۶۶۰۲۸۴۰۱ - فاکس: ۶۶۰۲۸۴۰۵ - همراه: ۰۹۱۲۱۹۹۴۲۸۱
www.TMBA.ir Email: info@TMBA.ir

۵- کتاب "قضایای موردی واقعی بازاریابی با نگرش بازار ایران" تألیف پرویز درگی (چاپ دوم).
۶- کتاب "بازاریابی و فروش تلفنی با نگرش بازار ایران" تألیف پرویز درگی (چاپ پنجم).
۷- کتاب "کلینیک محصول، آزمون بازاریابی محصولات جدید" تألیف پرویز درگی و سیدسعید میرواحدی.
۸- کتاب "دل گفته ها و دل نوشته های معلم بازاریابی" تألیف پرویز درگی.
۹- کتاب "مبانی تحقیقات کاربردی (اشتباهات رایج، مسائل و راه حلهای کارشناسی)" ترجمه ی استاد سینا قربانلو.
۱۰- کتاب "مباحث و موضوعات بازاریابی خدمات با نگرش بازار ایران" تألیف پرویز درگی.
۱۱- کتاب "چگونگی اداره ی کسب وکار در بحران اقتصادی" تألیف پرویز درگی.
۱۲- کتاب "آدکار؛ تکنیکهای کاربردی تغییر در کسب وکار" ترجمه ی مونا محمدزاده جور.
۱۳- کتاب "اصول، فنون، و هنر مذاکره با نگرش بازار ایران" تألیف محمدحسین غوثی و پرویز درگی (چاپ سوم).
۱۴- کتاب "تکنیکهای فرصت یابی در بازاریابی و فروش (با نگرش بازار ایران)" تألیف پرویز درگی (چاپ دوم).
۱۵- کتاب "مدلهای مدیریتی برای راه‌اندازی و اداره ی یک کسب وکار/ از تئوری تا عمل" تألیف پرویز درگی و محمد سالاری.
۱۶- کتاب "بازاریابی حسی" ترجمه ی پرویز درگی و محمد سالاری.
۱۷- کتاب "هوشمندی رقابتی و هوشمندی بازاریابی" تألیف پرویز درگی (چاپ چهارم).

نشانی: تهران، خیابان آزادی، جنب مترو آزادی، خیابان شاهین، پلاک ۶، طبقه ۳،
صندوق پستی: ۱۳۴۴۵/۱۳۴۵ - تلفن: ۴-۶۶۰۲۸۴۰۱ - فاکس: ۶۶۰۲۸۴۰۵ - همراه: ۰۹۱۲۱۹۹۴۲۸۱
www.TMBA.ir Email: info@TMBA.ir

۱۸- کتاب "فروشگاه؛ راهکارها و نکته‌ها"، تألیف ستیلا باسقی (چاپ چهارم).
۱۹- کتاب "یاداشتهای معلم بازاریابی"، تألیف پرویز درگی.
۲۰- کتاب "تبلیغات پنهان در بازاریابی"، تألیف علی سلیمانی بشلی و وجیهه طالبی.
۲۱- کتاب "نقشه‌ی ذهن مشتری"، ترجمه‌ی پرویز درگی و محمد سالاری.
۲۲- کتاب "پرورش نبوغ بازاریابی"، ترجمه‌ی استاد سینا قربانلو.
۲۳- کتاب "۴۲ قانون طلایی بازاریابی"، ترجمه‌ی رضا نیاکان و آیدا برادری جمشیدی (چاپ دوم).
۲۴- کتاب "دل‌نکته‌های معلم بازاریابی"، تألیف پرویز درگی.
۲۵- کتاب "مدیریت انتظارات مشتریان"، ترجمه‌ی احمد آخوندی و محسن جاویدمؤید.
۲۶- کتاب "دلایل کامیابی برندهای برتر جهانی"، تألیف پرویز درگی.
۲۷- کتاب "سلام؛ صبح‌بخیر همراه"، تألیف پرویز درگی.
۲۸- کتاب "مهارتهای ارتباط با مشتریان شاکی"، تألیف پرویز درگی.
۲۹- کتاب "مدیریت استراتژیک بازاریابی"، ترجمه‌ی دکتر الهام فریدچهر.
۳۰- کتاب "نورومارکتینگ؛ نظریه و کاربرد"، تألیف پرویز درگی.
۳۱- کتاب "راهنمای مدیران در کانال توزیع"، ترجمه و تألیف پرویز درگی و امیرحسین سرفرازیان.
۳۲- کتاب "چهل گفتار پیرامون مدیریت و رهبری در کسب‌وکار"، تألیف پرویز درگی.
۳۳- کتاب "چهل گفتار پیرامون ارتقای مهارتهای بازاریابی"، تألیف پرویز درگی.
۳۴- کتاب "چهل گفتار پیرامون ارتقای مهارتهای فروش"، تألیف پرویز درگی.

نشانی: تهران، خیابان آزادی، جنب مترو آزادی، خیابان شاهین، پلاک ۶، طبقه ۳،
صندوق پستی: ۱۳۴۴۵/۱۳۴۵ - تلفن: ۴-۶۶۰۲۸۴۰۱ - فاکس: ۶۶۰۲۸۴۰۵ - همراه: ۰۹۱۲۱۹۹۴۲۸۱
www.TMBA.ir Email: info@TMBA.ir

کتابهای در دست انتشار:

۱- کتاب "رفتار مصرف‌کننده"، ترجمه‌ی دکتر کامبیز حیدرزاده، زمان انتشار ۱۳۹۲.

۲- کتاب "شناساندن به مشتری"، تألیف پرویز درگی، زمان انتشار ۱۳۹۲.

۳- کتاب "حس برند"، ترجمه‌ی دکتر بهرام خیری، مریم عبدلی، زهرا ملازاده اردکلو، زمان انتشار ۱۳۹۲.

۴- کتاب "چهل گفتار پیرامون ارتقای مهارتهای شخصی در کسب‌وکار"، تألیف پرویز درگی، زمان انتشار ۱۳۹۲.

۵ - و...

شرایط چاپ کتاب در انتشارات بازاریابی:

مؤلفان و مترجمان علاقه‌مند به انتشار کتابهای بازاریابی، در صورت تمایل می‌توانند آثار خود را برای دفتر انتشارات بازاریابی ارسال کنند.

اصلی‌ترین مخاطبان این انتشارات، مدیرعاملان و نیز مدیران بازاریابی و فروش است. بدین‌رو ویژگیهای مورد توجه انتشارات بازاریابی عبارتند از:

۱. موضوعات تازه‌ی بازاریابی
۲. نثر روان، کاربردی، همراه با مطالعات موردی (Case Study)
۳. مطالعات بین‌رشته‌ای از اولویت چاپ برخوردارند

برای اطلاعات بیشتر به سایتهای اینترنتی انتشارات بازاریابی، به نشانی www.MarketingBooks.ir و یا www.MarketingPublisher.ir مراجعه کنید یا با شماره تلفنهای ۶۶۴۳۴۰۵۵ (۰۲۱) و ۶۶۴۲۳۶۶۷ (۰۲۱) تماس بگیرید.

نشانی: تهران، خیابان آزادی، جنب مترو آزادی، خیابان شاهین، پلاک ۶، طبقه ۳،
صندوق پستی: ۱۳۴۴۵/۱۳۴۵ - تلفن: ۴-۶۶۰۲۸۴۰۱ - فاکس: ۶۶۰۲۸۴۰۵ - همراه: ۰۹۱۲۱۹۹۴۲۸۱
www.TMBA.ir Email: info@TMBA.ir

• مجله‌ی توسعه مهندسی بازار:

- **صاحب امتیاز و مدیر مسئول:** پرویز درگی
- **سردبیر:** محسن جاویدمؤید
- **آغاز انتشار:** بهار ۱۳۸۶
- **آخرین تیراژ:** ۳۰۰۰ نسخه
- **گستره‌ی توزیع:** سراسری
- **مخاطبان نشریه:** مدیران بنگاهها، شرکتها، مؤسسات بویژه مدیران بازاریابی، سرپرستان و کارکنان فروش، مدیران روابط عمومی و تبلیغات، علاقه‌مندان به موضوعات بازاریابی در دنیای رقابت خصوصاً استادان و دانشجویان رشته‌های مرتبط.

برای اطلاعات بیشتر به سایت اینترنتی مجله‌ی توسعه مهندسی بازار به نشانی www.MarketingMag.ir مراجعه کنید.

• لوح‌های فشرده (سی‌دی) بازاریابی:

۱- **آموزش بازاریابی:** مجموعه فیلمهای آموزش بازاریابی از دانشگاه هاروارد (به زبان انگلیسی با زیرنویس فارسی)

۲- **آموزش فروش:** مجموعه فیلمهای آموزش فروش (به زبان انگلیسی با زیرنویس فارسی)

مدیران علاقه‌مند، استادان، دانشجویان بازاریابی، و علاقه‌مندان به بازاریابی و فروش می‌توانند برای اطلاع از تازه‌ترین موضوعات بازاریابی و فروش، لوح‌های فشرده (سی‌دی / دی‌وی‌دی) بازاریابی و فروش را ببینند. این لوح‌ها عمدتاً آثار دانشگاه هاروارد است که با زیرنویس فارسی

نشانی: تهران، خیابان آزادی، جنب مترو آزادی، خیابان شاهین، پلاک ۶، طبقه ۳،
صندوق پستی: ۱۳۴۴۵/۱۳۴۵ - تلفن: ۴-۶۶۰۲۸۴۰۱ - فاکس: ۶۶۰۲۸۴۰۵ - همراه: ۰۹۱۲۱۹۹۴۲۸۱
www.TMBA.ir   Email: info@TMBA.ir

در شرکت TMBA تهیه و تولید شده است.

عناوین برخی از لوح‌های فشرده‌ی آموزش بازاریابی:

- ایجاد کسب‌وکار مشتری‌مدار
- نوآوری در شرکت پراکتراندگمبل
- پنج نیروی رقابتی شکل‌دهنده‌ی استراتژی
- روانشناسی مصرف‌کننده در دوره‌ی رکود
- خواندن ذهن مشتری
- بزرگترین اشتباه رهبران تجاری
- ستاره‌های خود را بسازید؛ آنها را نخرید

عناوین برخی از لوح‌های فشرده‌ی آموزش فروش:

- بازاریابی و فروش تلفنی
- مدیریت فروش و فروش حضوری
- اشتباهات رایج در فروش تلفنی
- داستانهای خنده‌دار فروش
- افزایش فروش در زمان رکورد

برای کسب اطلاع بیشتر از عناوین دیگر فیلمهای آموزشی و خرید به سایت اینترنتی www.MarketingShop.ir مراجعه کنید و یا با تلفنهای فروشگاه انتشارات بازاریابی (۶۶۴۰۸۲۵۱ و ۶۶۴۰۸۲۷۱) بگیرید.

• فروشگاه انتشارات بازاریابی:

فروشگاه انتشارات بازاریابی با هدف مهیاسازی کتابهای بازاریابی از تمامی

نشانی: تهران، خیابان آزادی، جنب مترو آزادی، خیابان شاهین، پلاک ۶، طبقه ۳،
صندوق پستی: ۱۳۴۴۵/۱۳۴۵ - تلفن: ۴-۶۶۰۲۸۴۰۱ - فاکس: ۶۶۰۲۸۴۰۵ - همراه: ۰۹۱۲۱۹۹۴۲۸۱
www.TMBA.ir   Email: info@TMBA.ir

ناشران ایرانی، در تهران، واقع در میدان انقلاب، روبه‌روی دانشگاه تهران، ابتدای خیابان ۱۲ فروردین، پاساژ کتاب فروردین دایر است. علاقه‌مندان برای خرید بیش از ۲۰۰۰ عنوان از کتابهای تخصصی بازاریابی و فروش می‌توانند حضوری مراجعه کنند و یا با شماره تلفنهای ۶۶۴۰۸۲۵۱ و ۶۶۴۰۸۲۷۱ تماس بگیرند.

• **فروشگاه اینترنتی** TMBA:

شما می‌توانید با مراجعه به پورتال TMBA، یا سایت فروشگاه اینترنتی TMBA به‌نشانی www.MarketingShop.ir، محصولات فرهنگی حوزه‌ی بازاریابی (کتابها، نشریات، وی‌سی‌دی یا دی‌وی‌دی) را سفارش دهید یا تلفنی سفارش خود را دستور دهید.

نشانی: تهران، خیابان آزادی، جنب مترو آزادی، خیابان شاهین، پلاک ۶، طبقه ۳،
صندوق پستی: ۱۳۴۴۵/۱۳۴۵ - تلفن: ۴-۶۶۰۲۸۴۰۱ - فاکس: ۶۶۰۲۸۴۰۵ - همراه: ۰۹۱۲۱۹۹۴۲۸۱
www.TMBA.ir Email: info@TMBA.ir

چند کتاب دیگر از استاد درگی در انتشارات کیدزوکادو

برای تهیه کتاب ها از آمازون یا وبسایت انتشارات می توانید بارکدهای زیر را اسکن کنید

Amazon.com

kphclub.com

Kidsocado Publishing House
خانه انتشارات کیدزوکادو
ونکوور، کانادا

تلفن : +۱ (۸۳۳) ۶۳۳ ۸۶۵۴
واتس آپ: + ۱ (۲۳۶) ۳۳۳ ۷۲۴۸
ایمیل: info@kidsocado.com
وبسایت انتشارات: https://kidsocadopublishinghouse.com
وبسایت فروشگاه: https://kphclub.com

چند کتاب پیشنهاد سردبیر انتشارات برای شما

برای تهیه کتاب ها از آمازون یا وبسایت انتشارات می توانید بارکدهای زیر را اسکن کنید

Amazon.com
kphclub.com

Kidsocado Publishing House
خانه انتشارات کیدزوکادو
ونکوور، کانادا

تلفن : ۸۶۵۴ ۶۳۳ (۸۳۳) ۱+
واتس آپ: ۷۲۴۸ ۳۳۳ (۲۳۶) ۱ +
ایمیل: info@kidsocado.com
وبسایت انتشارات: https://kidsocadopublishinghouse.com
وبسایت فروشگاه: https://kphclub.com